开赚钱公司的宝典来了！

凌洛妍 ◎ 编著

如何开赚钱公司

基础篇+理论篇+实战篇

RUHE KAI ZHUANQIAN GONGSI

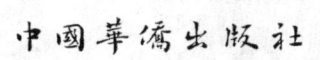

中国华侨出版社

图书在版编目(CIP)数据

如何开赚钱公司/凌洛妍编著.—北京:中国华侨出版社,2011.4

ISBN 978-7-5113-1321-8

Ⅰ.①如… Ⅱ.①凌… Ⅲ.①公司—企业管理 Ⅳ.①F276.6

中国版本图书馆 CIP 数据核字(2011)第 049626 号

● 如何开赚钱公司

编　　著	凌洛妍
策　　划	刘凤珍
责任编辑	梁　谋
责任校对	王京燕
装帧设计	周吾设计
经　　销	全国新华书店
开　　本	710×1000 毫米　1/16 开　印张 15　字数 180 千字
印　　刷	北京紫瑞利印刷有限公司
版　　次	2011 年 5 月第 1 版　2011 年 5 月第 1 次印刷
书　　号	ISBN 978-7-5113-1321-8
定　　价	28.00 元

中国华侨出版社　北京市朝阳区静安里 26 号通成达大厦 3 层　邮编:100028
法律顾问:陈鹰律师事务所
编辑部:(010)64443056　64443979
发行部:(010)64443051　传真:(010)64439708
网　　址:http://www.oveaschin.com
E-mail:oveaschin@sina.com

目 录

第一章　创业者必懂的 N 个道理，必做的 N 个准备 / 001

学会投资，创业者的必修课 / 001

"财运"需要自己把握 / 003

创业你准备好了吗 / 006

不要在怀疑中停滞不前 / 009

创业与年龄无关 / 012

对人生的机遇不要轻易放手 / 016

大学生创业的资本 / 019

了解自己的创业优势 / 021

你必须拥有的四大素质 / 023

心态决定一切 / 025

不要相信"人命天注定" / 028

你的企业处在什么位置 / 030

在工作中学做企业家 / 033

怎么找到适合自己的公司项目 / 035

聪明的人懂得表达自己 / 037

机会不会等人，更不会随便远离别人 / 039

谁也不会想要给别人打工一辈子 / 042

关注你身边的"贵人" / 044

创业必赢基本法则 / 047

学会理财是开公司的必要条件 / 050

只要想创业方法有很多 / 051

人生低谷怎样克服 / 055

创业与投资是两码事 / 057

掌握事业的黄金时期 / 059

小城市创业赚大钱 / 061

红杉资本——金钱并不等于成功 / 064

创业者需牢记的创业禁忌 / 067

公司应该这样做事 / 068

和别人合作共同创业 / 070

创业调查是必不可少的 / 076

初次投资宜选小项目 / 078

选择合适的融资方式 / 081

第二章　公司起步后怎样运转 / 083

事业是人生的一个过程 / 083

建立集团机制，快速上位 / 085

对于你不看好的事情，要说 NO / 087

不要迷恋金钱 / 089

创业需长远眼光 / 091

你敢在你的团队中"舍财"吗 / 093

不要执迷于赚钱，要学会花钱 / 096

小心观念误导 / 099

营销和销售的统筹计划 / 102

你的工作态度是一个公司的灵魂 / 103

塑造品牌重内力 / 106

你手下有多少可以利用的人才 / 108

不要聘请没有经验的顾问 / 109

找出你公司的"诸葛亮" / 111

修炼内力使公司强大 / 113

人际关系是公司起步的基础 / 115

学会看客户需要什么 / 118

不能轻言放弃 / 119

小公司如何变成大企业 / 121

最能招财的是自己 / 124

套牢潜在客户 / 126

如何应对通胀 / 128

小商业市场开发大客户 / 130

网络创业的最佳赚钱方法 / 132

第三章　步入正轨后的潜心修炼 / 136

丑闻可以瞬间摧毁一个人，更别说是公司 / 136

强手对战知名度 / 138

这样的领导才是最强大的 / 139

学会选择目标市场 / 142

客户为什么会与你签约 / 144

003

加强团队的合作力量是收纳人才的根本 / 146

不是所有的事情都会成功 / 150

投资应注意的问题 / 153

赚钱点子总汇 / 156

商机如何变钱 / 158

直达成功的法则 / 160

不要把金钱穿在外表上 / 161

商业机密就一定要让它成为秘密 / 163

提高企业智商 / 166

不可拿企业开玩笑 / 171

创业路上的陷阱 / 173

同行效应 / 174

绑住客户的好办法 / 176

销售顾问,公司赚钱新方式 / 181

品牌定位决定赚钱方向 / 183

公司区域市场管理 / 185

巧妙地让客户跟单 / 190

这样做创业公司必赚 / 191

创业是不会毕业的 / 194

质量是公司的生命 / 195

为竞争对手定位 / 198

第四章 那些成功的例子是对自己最好的激励 / 205

李嘉诚为什么有钱 / 205

创业者必须培养的品行 / 208

保持核心竞争力，小成本塑辉煌 / 211

精明的商人是磨炼出来的 / 214

俏江南——经济条件不重要，重要的是经商条件 / 217

你够"励志"吗 / 222

创业要学会放弃与选择 / 225

第一章　创业者必懂的 N 个道理，必做的 N 个准备

学会投资，创业者的必修课

人生的第一桶金是指一个人第一次真正地赚到了一笔钱，也许这只是一笔不足为奇的小财，但任何人对待人生中的第一桶金都是非常期待的。每个人赚到第一桶金都不算太难，最艰难地是如何让你的第一桶金保值增值，为你创造第二桶、第 N 桶金，这正是我们每个人苦苦追求的投资真谛，选择一个持久的投资计划会让你终身受益。

人生的第一桶金有时预示着一个人以后的路成功与否，要知道，坚强、有谋略的人更容易得到成功。如果第一桶金你都不敢把握，那么你的前途也许已经毁掉了一半。没有人愿意寄人篱下一辈子，每个人都有自己人生的追求，而投资，对于创业来说，是个不得不谈的问题。

当你有了自己人生的第一桶金时，你怎么让它保价增值呢？那么我们就会选择"投资"了。学会投资，你也就为今后的创业打

下了一定的基础，可以说，不一定要创业，但要创业必须要学会投资。

我的一个好朋友，从小一起长大的铁哥们，在他14岁那年，父亲的米厂倒闭了，家里一下子变穷了，可他在新学期的时候，还是为自己买了个新书包。后来一问，原来他在假期的时候，去冷饮店打工，用这笔钱他为家里买了很多必需品，并且攒了一部分。

以后每当开学，他总是很忙，他用假期挣到的钱订了老师要求大家买的练习本，由于大量进货，他进的很便宜，所以大家都在他手里买，开学一个星期他便将假期的薪水翻了一倍。

再后来，他又进了一批文具用品卖给同学……如此循环，他不停地进货然后卖掉，不久他便成了学校公认的小富翁。那年的他不过16岁，却有着相当精明的头脑，他总是班级需要什么他弄什么，最后他一个学期不仅赚出了自己的学费，还存了一大笔钱。

那都已经是很多年前的事情了，现在的他大学毕业后自己组建了一个公司，他的团队很有商业头脑，总是能抓住商机。而这种连带关系让他不久就吞并了几家同行业的公司。他的事业也步入了正轨，他也过上了富足的生活。

其实，我这个朋友可并不算是聪明，只是懂得在家里无助时自己担忧是没有用的，真正能站起来还是要靠自己。他的成功其实不是偶然，因为他懂得"投资"，懂得掌握时机，他让钱生钱，所以才取得了巨大的成功。相反，如果他没有在上学时锻炼自己，学会投资，那么他还会创业成功吗？现在，想要成功真的很难，那么，面对困难，很多人就会想，不要着急，反正有的是时间，晚几年创业也不要紧。其实，这样想你就已经是完完全全错了，人的精力有限，要知道年轻时人的精力最旺盛，快学会投资吧！从年轻的时候开始，慢慢步入成功！

【成功赚钱小贴士】

不断投资等于不断锻炼，把握好的人可以更加有效率地掌控自己的人生，而那些不懂得投资的创业者，只能看着别人的公司越办越好，而自己的公司则一塌糊涂。

有些人会用毕生的精力去创业、去奋斗，却不知道其实人生很短暂，而自己真正能利用的时间更少。当我们去工作的时候，更重要的是在工作中学到东西，第一次工作，你什么也不懂，你只知道，自己做好眼前的工作就会拿到薪水。其实，你更应该看懂的是，为什么他们能当老板？他们的商机从哪来？

每个人的成功都不是偶然，所以想要自己成功，就先排除掉自己那种侥幸心理吧！不要以为机会会给你留着，每分每秒和你争这个机会的人不计其数，有了你的第一笔财富，就要花到有用的地方，为你以后的生存打下一个坚实的基础。通过这种投资，你就为今后的创业打下了良好的基础。因为你会发现，你学到的是你这一辈子必要的生存方式。

"财运"需要自己把握

"财运"这个词大家肯定都不陌生，一个人有没有钱？什么时候有钱？说的就是财运。财运只是迷信的说法，人们以为发财靠运气，所以拜财神求财富。其实，财运全是靠自己的，一个没有经济头脑的人，即便是求遍全天下所有的财神爷也不见得会发财。

而那些不信神灵的人，也不一定就会贫困一生。财运要靠自己掌握，而不是等待老天的赏赐！但是我们也可以将"财运"现实化，每个人都有"财运"到来的时刻。

按照现在的情况来说，一般人想靠打工买房子几乎是不可能的，那大家通常会选择自己投资一个生意，可是投资了就一定能成为有钱人吗？

有一个愚者，以为金钱是万能之物，只要有了金钱，皆可万事不愁。愚者家原是做绸缎生意的，可是后来因为老父病亡，无人照料生意，家业败落了。他的父亲给他留下了一对金碗，来保他衣食不愁之用。

一日，愚者来到市集，见一个僧人在化缘，手中拿着一个破钵，不久就化了满满一钵的饭菜。愚者一看便拿出自己的金碗沿街走了起来，在街上走了一圈以后，愚者的碗里依旧什么也没有。他很生气，就把金碗给了僧人，他要换僧人的钵。

僧人很无奈，就把钵给了他，转身走了。

愚者拿着钵又在街上走了一圈，依旧没人给他一口吃的，他很懊恼地回了家。

第二天愚者又来到集市上，当时正值酷暑，他看到一个卖芭蕉扇的摊子很热闹，想必销量不错，他就用另一个金碗换了这个摊子。他每个扇子提高了二两银子销售，那些路人见他这般，便都转身走了。

第二日便下起了大雨，接着天气就没那么热了，愚者的扇子一直也没卖出去。因为一对金碗全让愚者换了出去，不几日家里就揭不开锅了，他只得去街边乞讨为生。过了几年，愚者得了重病，奄奄一息时见到了两个人，一个是当年换破钵的和尚，一个是卖扇子的老农。

和尚已经成了慈善家，而老农开了个酒家，两人要愚者去他们处坐坐，愚者便欣然同意，半路听得人们说两家铺子是两人变卖了金碗换得的，愚者还未来得及说话便咽了气。

这个故事告诉我们命运是多变的！不得不说的是，其实愚者也是懂得经商的，只不过他是挑错了时间、挑错了人。

财运并没有带给他想要的生活，不能说他财运差，只能说是他不会把握罢了。财运的好坏不是天定的，而是需要自己掌控的，其实每天你的身边都有财运的到来。比如一家服装店，为什么人家能成为老板？为什么人家经营得那么好？这都是你生活上需要理解透彻的。

对于自己的人生应该很早开始就有个规划。什么时候赚钱？什么时候结婚？什么时候独立经营一个自己的公司？你甘心一辈子都活在别人的光环下吗？你想自己的人生就这样过吗？

当然，你有权利选择自己的人生。

现今社会，就业问题成为了大学生所遇到的主要问题。现在的大学生，就业难，其实并不是因为他们毕业的学校和所学专业的问题，更大程度上是因为社会竞争压力大，竞争激烈。他们在事业上得不到支持，于是便怀疑自己的人生方向，因此，便开始考虑自己应该做些什么。这时，创业便是不错的选择。

可是，创业后，财运就会跑到你面前吗？当然不会！

【成功赚钱小贴士】

要知道，在创业之前你有很多东西是要学习的，包括修身养性，因为以平和的心态去面对困难会使事业更稳定一些。而且，你还需要独到的慧眼去寻找你的财运。

当一切都成熟了，财运自然会来到你的身边。所以，不要去担心自己的财运了，把精力都放在钻研学习上，相信有"才"了自然就会有"财"。

创业的初期或者前期，不能盲目地相信什么财运之说，财运是你自己给你自己的，一旦你将财运当成是你成功的必要因素，那么，牵动你成功的就是你那个可怕的心理。

财运何时到来？那就先问问你自己，你是否已经准备好了？

创业你准备好了吗

创业对于就业问题的贡献日益凸现，创业为社会创造出了大量的就业机会，大约有70%的新增就业机会是由新创企业和中小企业提供的。

青年人是创业活动的主体和生力军，据统计，现在创业人群中，有一半左右的人都是25岁以下的青年人。他们中，自己开公司的人数又占总人数的70%。

可见，创业已经成为了一种风尚，越来越多的人考虑自主创业，挑战自己的人生。可是，无论是年轻人还是成熟稳重的人，面对创业都会有一个致命的问题，那就是创业的基础——确定目标。

第一章 创业者必懂的N个道理，必做的N个准备

陆遥开始创业时是在她人生的低谷时期，刚刚毕业两年，她在一个小公司做会计，每个月捏着不到2000块的工资，看着大学同学一个比一个有出息，而自己却孤孤单单地停在基础位置，心里很不是滋味。

不久后，公司由于亏损倒闭了，陆遥的生活开始进入迷茫期，没有工作，也没有薪水的来源，那些年少的梦想一夜之间化为了泡影。

陆遥每天都会对着报纸发呆，自己投了无数个简历，却没有一个有回音，陆遥明白现在社会竞争力大，而自己只是一个普通学校毕业、没有任何特长的普通女生。

所以她很清楚，现在各个学校会计专业学生不计其数，随便拉出来一个都会几国语言，她是无论如何也抢不进这个就业圈子的。

就业的压力远远超出了陆遥的想象，当初来这个陌生的城市，她就知道，自己一定是要和这里挂上钩的。她想过回家，可是，家乡的就业压力更大，甚至完全超过了她的承受范围。毕竟自己也是大学毕业，难道要进小工厂当女工不成？

陆遥完全被眼前的压力吓倒了，自毕业以来，这是最真切的一种恐惧。

随着房租的到期，陆遥也搬出了公寓，为了省钱，她租了一个不到10平米的小屋，依旧是每天宅在家里，偶尔去面试也是以失败告终，她接了一些小案子来维持生计。

搬到新家的第二个星期，以前的同学组织同学聚会，陆遥本来不想去的，可是，很多人都已经知道她的状况了，她实在找不到不去的借口，于是，就顺便去了。

聚会地点定在了一个新开的酒吧里面，人不是很多，可是却有

一种新鲜的感觉。同学阮婷当年是陆遥的死党，可是大学后却断了联系，这次聚会阮婷也到了，她们聊了许多。对于陆遥的状况，阮婷也是亲身经历过的，毕业、就业、失业。

可是，阮婷并没有放弃，而是出国进修，接着进了一个外企公司。阮婷对陆遥说，她所在的公司正在招下属的代理小公司，要求没有太高，只需要做好自己代理地区的业务就好。所以阮婷想要找个伙伴，和自己一起打拼这个小的没有任何眉目的公司。

陆遥想了想，既然已经这样了，何不赌一次呢？于是聚会后，两个人凑了些钱在公寓租了一间办公室，这便是公司的初级原型。

阮婷在国外进修过，所以对开公司的程序有一定的认知，但是，陆遥毕业一直在小公司做会计，所以她不懂公司经营。在创业的初期，由于没有经验，陆遥做事很吃力，她被那些没有接触过的问题弄得精疲力尽，阮婷来到她身边对她说，想要创业，这条路是必经的。你只要在遇到困难的时候问自己一句：我是不是已经准备好了？

陆遥对自己问了一遍这个问题，她清楚自己，从当时失业的那天她就已经做好一切准备了。于是陆遥在有空的时候就去看一些关于经营方面的书，并且常常出席一些交流会，不到一年便对管理企业相当地熟悉，业务上也得心应手了。

陆遥和朋友合开的公司很快就进入了正轨，规模也不断扩大，成为了业内较为知名的公司，当然，这和陆遥的努力是分不开的。

【成功赚钱小贴士】

创业是个考验人的阶段，除非你甘愿在人群后面做一辈子"小草"。

很多创业人都说，创业是个很有趣的过程，看着自己的公司从小变大，人数由少变多，这些都是一种幸福，甚至超过了成功的喜悦。也有很多人说，创业是个心酸的过程，因为创业的人绝大多数都是在人生的低谷，迫不得已才创业的，这要渡过一个很大的难关，但是过去后想想，这也是一个不错的经历。

想要创业，不如先选好自己的人生目标，让自己的事业有个准备。

不要在怀疑中停滞不前

我们都曾有过这样的状况，怀疑自己，怀疑人生，怀疑很多事情，对自己不抱有信心。

其实，每个人都会有一段迷茫的时间，并且这样的迷茫有时是很令人窒息的。大家都在成长，也在面临不同的人生的问题，我们来说说创业将遇到的一个至关重要的问题吧！

许多准备创业的人都会面临一个问题：对自己没有信心。这是个致命伤，没有信心就等于车子没有发动机，没有了发动机的车子自然失去了动力。想创业？那无非是做梦。

很多人在怀疑中迷失了自己，他们觉得自己不行，甚至有些贬低自己。其实自己行不行全是自己决定的，你要是肯努力当然就能有成功的希望，但是假如你不努力，那么，你的人生几乎就是定格在那个不成功的位子上了。

西文是一个没有信心的女孩，她常常怀疑自己的能力，越是这样，她的工作越是做不好，有时候自己明明很有把握的事情，却问自己很多遍自己到底行不行，结果就中途放弃了。在学校的时候，她成绩不理想，总是觉得自己肯定是要低人一级的，很多的时候班级竞选班干部，她明明有那个实力去接手工作，可是，这样的机会都在她的怀疑中白白浪费了。毕业了，她工作上也不顺心，老板吩咐下来的工作怎么也做不好，她没有一天不在怀疑自己的能力。

正当她因为工作和生活上的不如意而难过的时候，她接到了一个电话，老板叫她3天之内赶出一个案子，而最开始这个案子是要15天才能够完成的。如果她3天之内赶不完这个案子，将会面临失业。

西文接到消息后没有发奋努力，而是更加低落。她对自己完全不抱有信心，她觉得要是想在3天之内做好这个案子除非是有神仙帮助。况且就算是做好了也不一定会用，自己是不是真的没有做这份工作的能力？又或者自己还是另谋高就的好？

正当她要去找工作的时候，她大学的一个同学，也是她的好朋友找到了她，她说自己和男朋友吵架了，要西文收留她几天。西文当然同意。朋友见西文不开心，便问原因。

西文便把老板交待3天完成工作的事说了，她说着说着就更郁闷了，生活可能真的没有她想象得那么简单吧！

朋友听完笑笑说："3天一个案子有什么难的，我教你做。"西文连连推辞，要知道，对于案子她总觉得是力不从心的，甚至当初修改一个案子她都要用上几天时间。

朋友没理会西文，拉着她坐到电脑旁。西文的朋友很专业，大学时她就是做案子的高手，她做案子不仅快而且几乎每个都能通过。那天晚上她教了西文很多，西文也渐渐找到了做案子的窍门。

西文突然觉得只要自己努力，没有什么是自己做不了的。两天之后，西文的案子搞定了，她回到公司，将案子交给老板，老板看了也觉得惊讶，但是她的案子真的无可挑剔，完美精准。

她保住了这份工作，并在接下来的日子连续做了两个案子，她感到了从未有过的信心。不到一年，西文就升到了部门经理的位子。那也是她曾经想都不敢想的。

后来，西文想要自己开一间公司，她又陷入了怀疑中，于是，一个朋友对西文说了这样的话："如果一个人总在犹豫怀疑，那么，这个人的成功就在怀疑中消失了一半。不要怀疑自己的能力，要相信自己有百分之百的成功率。"

不要总觉得自己不行，其实有时候给自己一点肯定就等于给人生一点希望，要想前进就不要停在原地不停地怀疑。很多人对人生迷茫，想单独创业却又怀疑自己的能力，而当真有这种能力也会被自己的怀疑和不确定淹没。

别浪费时间去怀疑了，把怀疑变成自身的动力吧！然后努力成就一番事业。

现在的社会，选个好项目创业很难。因为困难重重，所以不少人都在这条路上后退、放弃了。其实，我们不如将怀疑看成是一个阻碍成功的橡皮糖，我们越想摆脱它而它粘得越紧。

对于现状，我们应该极力摆脱，不要觉得自己不行，要知道，连自己都放弃自己了，那么，老天是绝对不会眷顾你的。怀疑自己的能力没有错，错在被这种状况所控制，自己沉浸在这种状况下不能自拔，而心底的声音一直问我们到底行不行？

别怀疑了，你自己觉得行，你就有成功的希望，假如你自己觉得不行，那么你就等于放弃了自己的人生。别去抱怨老天的不公平，要知道，其实上天给人的机会都是一样的，别把机会浪费掉，不要怀疑人生，努力向前吧！

【成功赚钱小贴士】

一项针对创业人士的调查显示，创业成功率较低主要原因就是创业者严重怀疑自己的能力，在那莫名其妙的怀疑中，逐渐对自己的项目、投资能力不抱有信心，最终走向失败。

一个创业的人能否成功，投入创业的信心是否大，起了决定性的作用。很多创业者在有创业想法后便开始怀疑自己，一旦自己开始怀疑，就会给自己灌输"我不行"、"肯定不能成功"的想法。而只要有了这样的想法，想成功就会很难。

所以，当自己那飘渺的信心遇到了多项否定后，你就会丧失掉自己的全部信心，八成的人在不断地怀疑下失去了自己的机会。

当自己有了目标的时候一定要抓紧时间执行，在自己还没被怀疑夺走机遇前成功获胜。怀疑只会让自己停滞不前，并且浪费掉自己的时间。

创业与年龄无关

很多的年轻人，还没过25岁便觉得自己已经老了，其实这个现象很常见，并不是这么说的人得了"恋老癖"，而是他们对自己的生活无力承受。要知道，只有老人才会对某些事产生无力感，而年轻人对事情产生无力的感觉，在现今社会却已经变得很常见。

其实人们对自己的年龄都有一种主宰能力，那些总是抱怨时间过得太快的人，几乎对时间是没有概念的，蹉跎得太多了，浪费了很多时间。年轻时不做有用的事情，反而把时间浪费在抱怨上，这样的人生才真的是很悲哀。

对于自己，要整理好利害关系，想获得成功与年龄没有必然关系。

在世界的各个角落，在中国的每个城市，我们都会看到一个老人的形象，他留着花白的胡须，穿着白色的西装，永远都在微笑。就是这个笑容，恐怕是世界上最著名、最昂贵的笑容了，因为这个和蔼可亲的老人就是著名快餐连锁店"肯德基"的招牌和标志——哈兰·桑德斯上校，当然也是这个著名品牌的创造者，今天我们在肯德基吃的炸鸡，就是桑德斯发明的。从最初的街边小店，到今天的食品帝国，桑德斯走过的是一条崎岖不平的创业之路。

40岁的时候，桑德斯来到肯塔基州，开了一家可宾加油站，因为来往加油的客人很多，看到这些长途跋涉的人饥肠辘辘的样子，桑德斯有了一个念头，为什么我不顺便做点方便食品，来满足这些人的要求呢？况且自己的厨艺本来就不错，妻子和孩子也时常称赞。想到就做，他就在加油站的小厨房里做了点日常饭菜，招揽顾客。

刚开始这样做的时候，桑德斯是为了扩大自己加油站的生意，后来，炸鸡的名声超出了加油站，由于顾客越来越多，加油站已经容不下了，桑德斯就在马路对面开了一家桑德斯餐厅专营他的炸鸡。

为了保证质量，桑德斯系上围裙亲自配料制作，并投资扩建了可容纳142人的大餐厅。

到了1935年,桑德斯的炸鸡已闻名遐迩。肯塔基州州长鲁比·拉丰为了感谢他对该州饮食所做的特殊贡献,正式向他颁发了肯德基州上校军衔,所以人们都叫他"亲爱的桑德斯上校",直到现在。

1939年,桑德斯买了一个压力锅,他做了各项有关烹煮时间、压力和加油的实验后,终于发现一种独特的炸鸡方法。这个在压力下炸出来的鸡块是他所尝过的最美味的鸡块,至今肯德基炸鸡仍然使用压力锅的妙方,炸好一只鸡仅仅用15分钟,时间短、味道好的炸鸡顿时成为大家谈论的热点,众多食客趋之若鹜,即便在20世纪30年代经济大萧条时期,桑德斯的经营依然红火。

可是"二战"的爆发给了他一次小小的打击,他不得不变卖资产以偿还债务。为了偿清债务,用光了他的银行存款。一下子,哈兰·桑德斯,这位昔日受人尊敬的上校,从富翁变成了一个一文不名的穷人。

这时的桑德斯已经66岁了,每个月能得到105美元的救济金。但是桑德斯并不想依靠救济度过余生,还是要靠自己。

突然,他想起曾经把炸鸡做法卖给犹他州的一个饭店老板。这个老板干得不错,所以又有几个饭店主也买了桑德斯的炸鸡作料。他们每卖1只鸡,付给桑德斯5美分。困境之中的桑德斯想,也许还有人想这样做,没准这就是事业的新起点。

就这样,桑德斯上校开始了自己的第二次创业,他带着一只压力锅,一个50磅的作料桶,开着他的老福特上路了。

身穿白色西装,打着黑色蝴蝶结,一身南方绅士打扮的白发上校把车停在每一家饭店的门口,从肯塔基州到俄亥俄州,兜售炸鸡秘方,要求给老板和店员表演炸鸡。如果他们喜欢他的炸鸡,就卖给他们特许权，提供作料，并教他们炸制方法。

开始的时候，没有人相信他，饭店老板甚至觉得听这个怪老头胡诌简直是浪费时间。桑德斯的宣传工作做得很艰难，整整两年，他被拒绝了1009次，终于在他第1010次走进一个饭店时，得到了一句"好吧"的回答。有了第一个人，就会有第二个人，在桑德斯的坚持之下，他的想法终于被越来越多的人接受了。

1952年，盐湖城第一家被授权经营的肯德基餐厅建立了，这便是世界上餐饮加盟特许经营的开始。紧接着，让更多的人惊讶的是，桑德斯的业务像滚雪球般越滚越大。在短短5年内，他在美国及加拿大已发展了400家连锁店。

1955年，桑德斯上校的肯德基有限公司正式成立。与此同时，他接受了科罗拉多一家电视台脱口秀节目的邀请。由于整日忙于工作，他只得找出唯一一套清洁的西装——白色的棕榈装，戴上自己多年的黑框眼镜，出现在大众面前。老资格南方上校烹制炸鸡的形象，很快就吸引了众多记者和电视主持人，70岁的桑德斯被吵嚷着要同他合作的人团团包围。

桑德斯的一生是典型的美国传奇，他干过各种各样的工作，但在40岁的时候才在餐饮业上找到了自己事业的起点，然后历经挫折，在66岁的时候又东山再起，重新创造了另一个辉煌。有了他的"特许经营"，才有了全球最大的炸鸡连锁集团。

1980年，因为白血病，桑德斯上校不幸逝世，享年90岁。他用炸鸡，丰富了人们的饮食品种。

【成功赚钱小贴士】

保持自己心态上的年轻比什么都重要。年轻的心态能使自己更加努力地奋斗。创业当然离不开年轻的心态，可是年龄，真的不是创业的必要因素。

觉得自己老了就要努力让自己恢复最佳状态，不要被自己的年龄困扰，任何年龄都可以成为创业的起点。从很多层面上说，年龄大也是创业的一个优势，因为成熟稳重的人会是客户首选的合作伙伴。只要时刻更新自己的思维程序、运营方式，就可以掌握住企业的命脉。

不要觉得自己已经老了，要多告诉自己几次，现在正是人生的起点。

对人生的机遇不要轻易放手

许多事物凑在一起，碰巧又发生在一个人身上，这就叫做人生，而这样的"碰巧"我们也可以称它为机遇。在一个人身上发生的事，是说不清、道不明的，是最奇妙的，你永远不知道下面将要发生些什么样的事情，而事情一旦过去，便已成为定局，因而总会留下一些美好的回忆和一些无言的遗憾。为了使我们在人生道路上不留有太多的遗憾，请不要轻言放弃！

是啊，我们的生命是如此的宝贵而且短暂，是经不起等待与蹉跎的。我相信"当命运为我们关上了一扇门，它必然会为我们打开一扇窗的"。任何时候，我们都没有理由闲下来，也没有借口可以解释为什么长时间里仍然无法胜任一项工作，而在空虚和无尽的忧伤中虚度岁月。珍爱生命最好的方式就是让生命忙碌起来，这大概才是我们对生命负责的态度吧！

拿明星们来举例子，周杰伦大家肯定都知道，当初他打过很多工，可是最终却走上了音乐的道路，还有了自己的公司，彻底蜕变为一个小老板。他从默默无闻的学生转变为一个成功的公众人物，自然有很多地方是值得我们学习的。

众所周知，周杰伦踏入娱乐圈是通过一个师弟的帮忙，当时的周杰伦完全没有想要踏进娱乐圈的想法。可是，他却成为了最成功的一个。

这无疑是一个意外的机会，面对这个突如其来的机会，他没有放弃，而是努力迎上，最终在娱乐圈站稳了脚跟。在唱片大卖、人气暴涨的时候，他开了一家自己的唱片公司。

人气和好音乐就是他的机遇，这两者在他事业上都必不可少。

因为一个小小的机遇，他成功了，并且将自己的力量壮大了一万倍。

这个例子，大家都知道，所以，我只是要强调一下，机遇是给所有人的，而机会是给有准备的人的。那么，机遇显然是会在不特定的时间闯入人们的生活，人生的机遇很多，每分每秒都有人被机遇撞头。

很多人在抱怨，为什么别人好事连连，而自己没有半点机遇？问这个问题的时候，还不如先问问自己到底错过了多少机遇。

开公司不是小事，所以，绝对不能掉以轻心，如果你处于创业前期，要千万记得一个道理，身边所有的人都会成为你人生的过客，可是也会有一部分是你的贵人，他们能给你机遇，还有一切能推动你成长的东西。在你还不确定他们在你身边的哪个位置时，要先把他们都收入囊中。

有一天，他们给了你机遇的时候，不要因为困难而放弃，这样就等于你放弃了一个成功的大好机会，剩下的也就是惋惜的份儿了。

【成功赚钱小贴士】

在现实生活中，有个别的大学生朋友孤僻、冷淡，似乎"一切都经历了"，"一切都看透了"，他们自己折磨自己，折磨得毫无生气，毫无活力，简直未老先衰，并且在不知不觉中使自己的精神和心境处于了一种无知无觉的疲惫状态。然而，他们却一再原谅自己的懈怠与懒散——反正青春会被我们支付很久。可是，就像未来，即使站在很遥远的地方，也依然为我们青睐。可为什么人们总是在逝去时才明白，一路的无为，一路的放弃，企及到的未来也只能如纸般苍白。究其原因之一，他们是被他们自己打败了，轻易地放弃了自己，放弃了生活。

在这里我要强调的是，"请不要轻言放弃"，这句话固然响亮，固然使人进取拼搏，但更重要的是你是否认准了一条正确的"道路"呢？所以，在做到不要轻言放弃的同时，请爱惜你自己，认准"路"，给心灵一个回旋的空间。"三思而行，谋定而动"，这些古训可是很有意义的！我曾和同学开玩笑地说："如果这世上真的有卖后悔药的，无疑全部被我买来了。"既然科学家还没有发明出后悔药，那么我们在行动之前权衡一下利弊得失，就显得十分重要了，因为人的一生中有许多东西真的是只有一次的，找对了"路"，再做到不要轻言放弃吧。

那么朋友，请你拿起你的右手，放在你的心口，轻声地问自己："我找对路了吗？我做到不轻言放弃了吗？"那么，答案只有你自己明白，接下来该怎么做，还将由你——自己的主人来决定。

大学生创业的资本

如果你还没毕业，你是不是就无法创业呢？当然不是，很多创业人士都知道这样的一个问题：要创业必须学习，什么都不懂的人创业难上加难。

创业不分年龄，如果有机遇，小孩子也可以成就一番事业。年龄只是创业需考虑的重要因素之一，而并非是必要因素。

一般来说，创业的最佳年龄为 25~45 岁。我们来分析一下为什么 25~45 岁是人生中最佳的创业时间吧。

对于 25 岁的年轻人来说，22 岁左右大学毕业，等到 25 岁时，积累了一点经验，基本上知道自己想要什么了。同时，这个年龄所充满的激情和天不怕地不怕的勇气，正适合创业。

到了 35 岁，会有一定的成就了，或者是高级打工仔，或者小有成就，各方面都有了基础，所以可以放手去创业。这个年龄的人最有创业的冲动，亲戚朋友对其的影响也会较多。况且这个年龄即使创业不成，也是打工的黄金年龄，还可以回过头去打工。

再说说最后一个适合创业的年龄：45 岁。这个时候再去创业，可谓是经验足够、人脉足够了。但凡到了这个年龄，创业就没有多少退路，输不起了。在这个年龄去创业，更多的是靠自己前半生积累的资源和人脉。

总之一句话，25 岁靠激情，35 岁靠积累，45 岁靠人脉，这是三个最适合创业的年龄。当然这不是绝对的，只是相对普遍而已。

大学生就业一直都是首要的问题，也是困难。就业压力大等原因使得现在的大学生未就业就失业的比重超乎想象，敏就是这些大学生中的一员。

大一的时候，敏在假期去打过工，那个时候她就已经明白就业是件很困难的事情，再优秀的人，也不一定能顺利就业，况且自己学的是动漫设计，就业压力更是大。于是，大二的时候，敏和几个同系的同学组成了一个工作室，由于敏的思维模式比较新颖，为几个公司做了小的动漫项目，逐渐地在设计圈子里有了一些知名度。然后敏的case也渐渐多了起来。

大学毕业后，敏和自己当时的大学同学创办了一家广告传媒公司。由于之前积累了不少人脉，所以敏的公司起步很快。

敏始终坚信一个"薄利多销"的道理，所以她公司的运营一直很好。后来，由于公司的设计量增多，敏的公司逐渐成为同行中最抢手的。

有效利用在学校学到的知识并且融入到实践中，花一般的年纪创业，有这样的作为，不得不说，这都是靠敏的努力和才智换来的。

在我们还是学生的时候一定都听过这样的话，上学就好好上学，不要做那些没有用的。这句话也反映出了一个现实，很多成年人不相信他们眼里的孩子能有一些作为，总是觉得他们缺少社会经验。可是，依照现在的状况来看，没有社会经验就是最好的经验，因为这个年纪的孩子敢想敢干，对待人生都有个目标，而那些步入社会多年的人，有时会因为工作的压力和生活的忙碌而放弃自己的梦想。

【成功赚钱小贴士】

现今社会，很多的大学生都有了一番作为，据我所知，大学生创业的热度已经不亚于关注奥运会的热情。

还有很多的老企业家，靠着自己毕生的努力去积累财富，到了晚年终于拥有了一个属于自己的公司，相对来说，这样的企业家更有人生的阅历，经营也是相当的稳定。我们可以肯定的是，任何年龄创业成功的例子都有，每个年龄段都有它自己的创业优势，所以，那些等待自己最佳年龄到来，或者认为自己已经过了最佳年龄的人，从现在开始努力吧！用自己加倍的努力去赢得自己人生的转折。

年龄只能起到一个借鉴的作用，它并不代表什么，更不会主宰什么。很多年轻人或者是像肯德基的创始人一样的老企业家都是很好的例子，他们在自己的位置上通过努力最终飞黄腾达，这自然有其中的道理。不要为自己的年龄而忧心忡忡，年龄并非创业的必要因素。

想要创业的大学生都有自己一定的资本——在学校学习的知识，对待创业也更有信心。

了解自己的创业优势

常听老人们说，一个人的未来会怎样取决于一个人的性格。其实也不一定，有时候某些爱好也能预示未来。

每个人都有自己的爱好，当我们出现在这个世界上的时候就应该明白自己对什么感兴趣。

小年的创造力天赋是在上学的时候被发现的，当时，他买了人生第一把吉他，之后便展现出了他的天赋。他在自己的吉他上面做了一个手绘，之后，一个同学喜欢，他便用原价一倍的价格把吉他卖给了自己的同学。

做成第一笔生意后，小年便开始做起了自己的买卖，他在同学们的书包、鞋子、衣服上画上各种各样的手绘，通过绘画做起了生意。

由于成绩优秀，而且自己的生意还不错，家里人逐渐认可了他。小年大学毕业后，用自己的积蓄开了一个店铺。由于推广得好，他赚了很大一笔钱。于是第二年，小年开了自己的公司，下属还有一个连锁店。

小年从小就懂得营销之道，而且，年轻有为。

许多的创业者在创业的时候会表现出自己的特长，聪明的人会将自己的爱好融入日后的创业。许多日后会成功的人，在幼年或青年时期就会展现出众的才华。所以，从年轻看到老这样的话一点也没有错。你知道自己优于他人的才华吗？

如果你才华横溢，那么，请记得，你一定要将自己的才华发展下去，不要半途而废。如果，你有理财的技能，就加强自己的理财知识，之后一点点地发展下去。在你还在开始创业的时候，你自己的状态、能力都是你日后能否成功的预兆。

开公司想要赚钱就要先明白自己有没有让公司赚钱的能力，因为等待成功的日子是痛苦的，一旦不成功，一切就都前功尽弃。所以，正式创业前要客观评估你的能力、态度。

【成功赚钱小贴士】

如果你是一个富有创造性的人，而且你也比较希望往这方面去发展，走艺术的路也许能让你拥有属于自己的一片天空。

如果你善于交际，对事业有着旺盛的企图心，对于未来有着伟大的计划与旺盛的雄心，从商可以使你成功。

如果你有踏实的个性，你觉得工作是生活的工具之一，合乎兴趣的工作才是事业。唯有将自己所长以及所爱的兴趣与工作相结合，做一个最好的搭配组合，才能称作事业，这也就是那个你永远都会为之努力的工作。

你必须拥有的四大素质

创业是一件极具吸引力的事情，同时也充满了挑战，这是创业具有吸引力的一部分原因，但是，想要迎接挑战，创业者还必须拥有一定的素质。

1. 心理素质

所谓心理素质是指创业者的心理条件，包括自我意识、性格、气质、情感等心理构成要素。作为创业者，他的自我意识特征应为自信和自主；他的性格应刚强、坚持、果断和开朗；他的情感应更富有理性色彩。成功的创业者大多能不以物喜，不以己悲。

2. 身体素质

所谓身体素质是指身体健康、体力充沛、精力旺盛、思路敏捷。现代小企业的创业与经营是艰苦而复杂的，创业者工作繁忙、工作时间长、压力大，如果身体不好，必然力不从心、难以承受创业重任。

3. 知识素质

创业者的知识素质对创业起着举足轻重的作用。创业者要进行创造性思维，要作出正确决策，必须掌握广博知识，具有一专多能的知识结构。具体来说，创业者应该具有以下几方面的知识：做到用足、用活政策，依法行事，用法律维护自己的合法权益；了解科学的经营管理知识和方法，提高管理水平；掌握与本行业、本企业相关的科学技术知识，依靠科技进步增强竞争能力；具备市场经济方面的知识，如财务会计、市场营销、国际贸易、国际金融等。

4. 能力素质

创业者至少应具有如下能力：①创新能力，创业者都应具有这一能力，在同质化的市场中，找到新生。②分析决策能力，当面对问题的时候，创业者一定要果断行事，从而获得解决方法。③预见能力，在自己的行业中，预测出发展前景，不失时机地做些改变，让企业立于不败的位置。④应变能力，创业者要有自己的能力，在不断发展的社会中随机应变。⑤用人能力，身边有再好的朋友也比不过吸纳人脉，招揽千里马，自己的事业也会蒸蒸日上。⑥组织协调能力，创业者要有处理矛盾的能力，在工作中平静地化解矛盾，这才是一个明智的领导。⑦社交能力，这也属于吸纳人才的一个方面，但是社交的范围比较广，很多吸纳不了的人才也会在社交中成为自己的朋友或者客户，所以，这个能力是必备的。⑧激励能力，创业者都有许多下属，怎么能够激起他们的工作兴致让他们更加努力地工作，这个就要看领导的能力了。

【成功赚钱小贴士】

当然，这并不是要求创业者必须完全具备这些素质才能去创业，但创业者本人要有不断提高自身素质的自觉性和实际行动。提高素质的途径：一靠学习，二靠改造。要想成为一个成功的创业者，就要做一个终身学习者和改造自我者。

成功需要条件，而去追求成功就要努力地让自己获得相应的条件，这是一个艰苦努力的过程，同时也是一个提高自己的过程。

心态决定一切

每个人对于事物发展的反应和理解都会表现出不同的思想状态和观点。世间万事万物，你可用两种观念去看它：一个是正的，积极的；另一个是负的，消极的。这就像钱币，一正一反，该怎么看这一正一反，就是心态，它完全取决于你自己的想法。

为什么有的人有不错的工作，而有些人忙忙碌碌地劳作却只能维持生计？其实，人与人之间并没有多大的区别，工作大家都会有，可问题是，同样的工作，别人越做越好，而为什么自己却停留在原地呢？

心理学专家发现，这个秘密就在于人的"心态"。一位哲学家说过："你的心态就是你真正的主人。"还有一位伟人说："要么你去驾驭生命，要么就是生命驾驭你。你的心态决定谁是坐骑，谁是骑士。"

大概50多年前，广东省某贫穷的乡村里，住了兄弟两人。他们忍受不了穷困的环境，便决定离开家乡，到海外去谋发展。大哥到了富庶的旧金山，弟弟则去了菲律宾。

50年后，由于命运的安排，兄弟俩又幸运地聚在了一起。而今日的他们，早已今非昔比了。做哥哥的，当了旧金山的侨领，拥有两间餐馆，两间洗衣店和一间杂货铺，而且子孙满堂，有些承继衣钵，有些成为杰出的工程师或其他科技专业人才。

弟弟呢？居然成了一位享誉世界的银行家，在东南亚有大量的山林、橡胶园和银行。经过几十年的努力，他们都成功了。但为什么兄弟两人在事业上的成就，却有如此大的差别呢？

哥哥说："我们到白人的社会，既然没有什么特别的才干，唯有用一双手煮饭给白人吃，为他们洗衣服。总之，白人不肯做的工作，我们华人统统顶上了，生活是没有问题，但事业却不敢奢望了。例如我的子孙，书虽然读得不少，也不敢妄想，唯有安安分分地去担当一些中层的技术性工作来谋生。"

弟弟说："幸运是没有的。初来菲律宾的时候，担任些低贱的工作，后来便顶下他们放弃的事业，慢慢地不断收购和扩张，生意便逐渐做大了。"

这便是海外华人的真实奋斗历史。这件事情告诉我们：影响我们人生的绝不仅仅是环境，心态其实更能控制一个人的行动和思想。同时，心态也决定了自己的视野、事业和成就。

一个人能否成功，就要看他的心态如何了。成功人士与失败人士之间的差别就是：成功人士始终用最积极的思考、最辉煌的经验和最乐观的精神支配和控制自己的人生；而失败者则恰恰相反，他们的人生也许会受到过去的种种失败影响与疑虑的引导支配，所以失败者的心态往往不是平和的,他们在担心中度日如年,不能好好地释放自己,将自己困在失败的阴影里,停滞不前。

某位哲学家说过:"人生就像是一场旅行,不必在乎目的地,而要在乎的是沿途的风景,以及看风景的心情。"消极心态是一种严重的心灵疾病,它会间接性排斥财富、成功、快乐和健康!世界上没有不好的人,只有不好的心态!什么样的心态,就有什么样的思维和行为,就有什么样的环境和世界!就有什么样的未来和人生!

【成功赚钱小贴士】

想要成功地经营一家属于自己的公司,首先要明白一个道理,抱怨、恐慌、急切和消极是每一个成功人士都会遇到的,这也是事业上的一大杀手。

一个公司在正式营业前要做好准备,而准备绝不是整天在家担心自己公司的前途或者所要遇到的困难。过多的担心是没有必要的,因为最能给自己打气的人就是自己,如果还没上战场就先害怕起对手和现状来,那么成功的希望就会变得更加渺茫。而有一个好心态的人,能平和地面对困难,在安定中为自己找到一个事业上的好出路。

如果你的公司正处于问题阶段,那么就更加要调整好自己的心态,临危不乱才是一个企业领导人应该有的风度。在稳定的状况下处理问题将会获得最好的解决方法。还要记住,慌张是没有用的,就算再慌张,处理问题也是要靠你自己的。

心态是决定一切成败的关键,调整好自己的心态,让自己回归最佳状态,好好努力,一个企业迅速发展将不成问题。

不要相信"人命天注定"

不知道大家有没有过这样的体会，当有一个人给你看相算命说了某些不好的话语，你心里就会无形中有了个疙瘩，特别是日后生活中遇到一些不顺利时，便会不由自主地与此联系起来，这莫非就是天意，是命运的安排？事实上这些都是自己在捕风捉影，或者是以此作为给自己遭遇的困难、麻烦开脱的借口。

自己周围的朋友中很多人仿佛都是算命高手，平时看到你就万分热心地拉你的手要给你看看手相，这个时候，通常自己的好奇心作怪，便半推半就地让他们看了。于是，从"事业线"到"婚姻线"再到"生命线"，如果说你的所有线路都显示的是好命之相倒还没什么，可是如果稍稍说得不好一点儿，那么你心里就会多少有点儿不愉快，更糟糕的是每个人说的几乎都是一样的，你心里的结就越结越大，最后变成一个硬疙瘩结在自己的心上。如果到此为止也就罢了，可你心里还是存在一丝的不甘心，总是想着要再多验证一下，也许根本就没那么一回事。可是下次再碰到这样的朋友还是会忍不住又再让他们给你看一下，结果还是差不多。那么现在就由不得你不信了，不都说少数服从多数吗？最气人的是碰到那种故弄玄虚的朋友，给你说了一半留下另一半让你自己揣测，设下一个悬念，故意吊你胃口，任凭你怎么追问，他就是沉默是金。当然也可能对方怕影响你过多，所以适可而止。可是，这样大的想象空间也使你把所有发生在身边的情节都融入进去，最后你会选择相信。

自己平时劝别人时都会说"别说自己命不好，成功、财富都是要靠自己争取的",但命运两个字一落到自己头上,却成了不得不信的"真理"。这还不算什么,有些人甚至到寺庙里求个签什么的,总之也是一时按捺不住好奇心,而且还不止一次尝试,这都是一样的心理。如果结果相似,就会忍不住想,莫非我这一辈子真是命该如此?任凭我怎么努力都是改变不了的?这样下去,无论自己再怎样做,潜意识就是会有这么一种思想在作怪,这多多少少都会对你的人生追求造成一定的困扰。现在大街小巷,或者公园里随处可见那些摆着个地摊占卦算命的"高手",他们也会热情地招呼你过去,而你千万不要上当,应当快步走过。

说到为什么别人可以说得那么准,其实如果你仔细想一想就可知道其中的窍门了。一般来说,会对这方面产生兴趣的人,肯定是在生活中遇到不顺利或者自己信心不够对人生产生怀疑的人,对方正是抓住你这个心理加以利用让你深信不疑。更有一些人是去求事业的,要是仔细分析大家就会明白,那些所谓的"高手"无疑是说一些模棱两可的话,然后将你的好奇心融入进问题,最后你的事业发展状况会符合他所谓的预言,接着你就上当了。说到这"不顺利"无非也就工作、生活、感情几个方面,只要别人稍微"渲染"一下也就和你所经历的差不多了,而鉴于你此刻急于求成的心态,别人说中一点你就跟着附和,正中他意,可以继续挖你的心结,挖你的痛处,步步为"机",循循善"诱",你想不掉入别人的陷阱都难。

"命运"可谓是玄而又玄的东西,你说它没有似乎也不是,生活中有些东西就是用科学也无法解释清楚,所谓"命运"应是一个最佳的答案。命运这东西不能说没有,也不能说不可以相信,而是如果真有命运的存在,又何必提前刻意知道得太多,知道了又能怎样?与其这样倒不如不知呢!如果所预言的命运是好的,可能会让人养成不思进取的坏习惯，反正命好嘛，努不努力也没事；如果是不好，会一蹶不振，自甘堕落地妥协认命，反正命不好，努力也是这个样子，改变不了，干脆听天由命算了。

即使你一样会努力，可一旦生活中遭受一点挫折打击，很容易便会与"命运"这个词联系在一起，成为自己放弃的最佳理由，都是两种不良的负面影响。一句话，无论你是有意还是无意中得知有关命运的一切，多多少少都会对你的生活构成一定的影响，无论你是意志多么坚强的人，潜意识下都会受到一种潜移默化的影响，甚至连你自己都不曾察觉。就像无形中自有一股说不出的力量在牵着你走一样，是一件很可怕的事情。如此又刚好验证了"命运"这东西，本来有与没有谁都不知道，可被你这么一实施，这别人口中所说的"命运"就真的出现了。

【成功赚钱小贴士】

人命要是都由上天来注定，那么人存活的价值也就为零了。不必尽信命，何必让自己还没经历就扣上了失败的帽子呢？趁着年轻好好为自己打拼吧！同时也靠自己来战胜命运吧！

福布斯排行榜上的很多富翁都不是来自名门望族、大富大贵之家，他们都是用自己的双手打拼，才取得了如此惊人的成绩。他们也会遭遇失败、坎坷，但他们没有把失败归咎于"命运安排"，所以，他们才能一次又一次地崛起。

你的企业处在什么位置

创业是新颖的、创新的、灵活的、有活力的、有创造性的，以及能承担风险的，发现并把握机遇只是创业的一个重要部分，创业是一个创造价值、创建并经营一家新的营利型企业的过程，通过个人或一个群体投资组建公司，来提供新产品或服务，以及有意识地创造价值的过程。创业是创造不同的价值的一种过程，这种价值的创造需要投入必要的时间和付出一定的努力，承担相应的金融、心理和社会风险，并能在金钱上和个人成就感方面得到回报。当前，常见的创业方式主要有：

1. 网络创业

有效利用现成的网络资源创业，主要有两种形式：网上开店，在网上注册成立网络商店；网上加盟，以某个电子商务网站门店的形式经营，利用母体网站的货源和销售渠道。

2. 加盟创业

分享品牌金矿，分享经营诀窍，分享资源支持，采取直营、委托加盟、特许加盟等形式连锁加盟，投资金额根据商品种类、店铺要求、加盟方式、技术设备的不同而不同。

3. 兼职创业

即在工作之余再创业，可选择的兼职创业有：教师、培训师可选择兼职培训顾问；业务员可兼职代理其他产品；设计师可自己开设工作室；编辑、撰稿人可朝媒体、创作方面发展；会计、财务顾问可代理作账理财；翻译可兼职口译、笔译；律师可兼职法律顾问；策划师可兼职广告、品牌、营销、公关等咨询；其他人还可以选择特许经营加盟；顾客奖励计划等。

4. 团队创业

具有互补性或者有共同兴趣1的成员组成团队进行创业。如今，创业已非纯粹个人英雄主义的行为，团队创业成功的几率要远高于个人独自创业。一个由研发、技术、市场融资等各方面组成的优势互补的创业团队，是创业成功的法宝，对高科技创业企业来说更是如此。

5. 大赛创业

即利用各种商业创业大赛，获得资金和平台，如 Yahoo、Netscape 等企业都是从商业竞赛中脱颖而出的，因此也被形象地称为创业孵化器。如清华大学王科、邱虹云等组建的视美乐公司、上海交大罗水权、王虎等创建的上海捷鹏等。

6. 概念创业

即凭借创意、点子、想法创业。当然，这些创业概念必须标新立异，至少在打算进入的行业或领域是个创举，只有这样，才能抢占市场先机，才能吸引风险投资商的眼球。同时，这些超常规的想法还必须具有可操作性，而非天方夜谭。

7. 内部创业

指一些有创业意向的员工在企业的支持下，承担企业内部某些业务或项目，并与企业分享成果的创业模式。创业者无需投资却可获得丰富的创业资源，内部创业由于具有"大树底下好乘凉"的优势，因此也受到越来越多创业者的关注。

【成功赚钱小贴士】

企业的高度是衡量一个企业发展的关键，无论是哪种创业，最终目的都是赚钱，而一个企业能否赚钱又是取决于企业高度。环环相扣，每一个公司都必须有一个属于它自己的赚钱方法，有了这个方法赚钱就会轻而易举。

无论是哪种创业，先看好自己企业的位置吧！

在工作中学做企业家

要做企业家，不表示一定要去开一个公司。很多企业家都是在大公司里从底层做起的。如果你经验还不够丰富，自己开公司成功率会很小。如果你不愿冒太大的风险，那么在大公司学习是最合理的。

创业是很艰辛的事情。创业的人1000个里只有1个成功地创办了有价值的公司。创业不但需要很多的时间和资源的投入，而且需要有商业头脑、管理经验和良好的人际关系。这都是大学生所欠缺的。

从事管理工作需要在有工作经验后，一步步晋升。培养自己管理才能的最好方法就是在大学的环境里学习，因为读大学时，人的时间最多，可塑性最大。

对于刚毕业的人，我也不建议马上去创业。你可以找一个愿意培养员工的大公司，在那里能让你做很多不同的工作，换不同的部门（1～2年换一次）。这样你可以一方面找到你的激情，另一方面也可以培养自己做企业家的素质。在那里，你可以有许多学习的对象，也能学到成功的公司是如何运作的，是什么文化让它得到成功的。

在找工作时，给你几点建议：（1）永远不要停止学习，可以多学一些有关的技术；（2）IT将改变所有行业，和你专业有关的IT技术一定要会使用；（3）挑一个好老板，一个你能够学习的环境，最好找一个愿意培养员工的企业；（4）最好找一个重视你的专业的公司。

另外，找工作时，千万不要把金钱看得太重，有时一个职位可能没给你提供很高的薪水，但如果能够让你学到东西，能够从做人做事各方面给你补充"营养"，为你创业作好准备，你就不应放弃。

【成功赚钱小贴士】

至于如何成为一个成功的企业家，有几点简单的建议：

（1）出国读书可以开扩你的视野，值得考虑。但是必须考虑其他因素，例如奖学金很难拿到。

（2）除了"当企业家"，你还得挑个专业。大学可以主修你最有热情的专业。

（3）如果你对专业不确定，可以多尝试不同专业，选修不同专业的课。

（4）除了专业的知识，所谓的"软技能"更重要。软技能就是人品、沟通、主动、EQ等。当你的知识过时了，你的兴趣改变了，甚至你的人生目标都变了，你的软技能将是你唯一能从一个企业带到另一个企业的财产。

（5）挑选几个课外活动培养你的软技能。

（6）假期可以去杰出的企业打工。你在打工时实际学到的东西可能超过大学课程能给予你的。每年可以去不同的公司，以便了解不同的优秀企业文化。

（7）如果要创业，你必须有坦然接受失败和从中学习的胸襟。

（8）卓越的企业家必须有值得信赖的人品，值得跟随的领导力和以服务为宗旨的心态。企业家的工作就是服务——为客户服务，为股东服务，为员工服务。

怎么找到适合自己的公司项目

针对创业来说，并不是任何一个项目都适合你，人的脑力和心态的不同，造成了人们对事情的看法不同。所以，对于创业项目，每个人都有自己的想法。

创业并不是找工作，但是却和找工作有着异曲同工之处，因为这两者都是要寻找适合自己的，并且能够长久专心经营的事业。

这说起来简单，但是做起来就难了，想开一个自己的公司又不知道做什么好，公司开起来又不知道怎样经营，这些纠结在一起就构成了创业的"选项目难"问题。

公司的注册和经营其实很容易，但是如何找到一个稳定赚钱的好项目呢？这个问题困扰着许多创业者，但是仔细说起来，这个问题又很容易解决。相信大家都明白一句话，适合自己的，才是最好的。根据数据统计，现在创业路途中只有不到20％的人能够找到适合自己的项目，那是因为他们能够对自己想要做的项目进行了透彻分析，所以，公司的发展前景才能广阔。近50％的创业人士与项目的契合度只达到了基本合格水平，许多局限性造成了他们的创业范围狭窄。剩下的就是与自己创业项目无法匹配的人群，他们始终徘徊在"理想的事业"之外。

其实，创业人要充分了解创业规则，这样才能尽快进入到那20％的创业圈，成为创业成功者和财富拥有者。

许多人都会抱怨自己找的创业项目不是自己喜欢的，甚至是自己排斥的，他们因为某些原因而不能接触自己喜欢的行业。于是，将自己的创业目标完全打乱，这样的创业人士最终会百般不愿地接受目前自己并不喜欢的行业。

创业人士一旦涉及一个自己不喜欢的行业,那么,创业的激情也就会减弱,在生活里,自己的心情也会随之变糟。为自己的想法寻找一个适合自己的项目,也就等于是为自己寻找一个奋斗的目标。

作为一个"富二代",姚青完全可以继承自己父亲的事业,兢兢业业地做一个酒店的接班人。当然许多人都会选择继承,因为自己所站的高度就是别人所无法企及的。

当时在大学报专业的时候,姚青就和父母大吵了一架,并且不顾父母的反对选了计算机专业。他并不是叛逆,他只是在自己20年的岁月里第一次坚持了自己的信念。

最后父母弃权了,姚青选择了自己最爱的软件专业。毕业后,父亲要求姚青去自己的公司上班,姚青也放弃了,他觉得,既然路是自己选的,那么就一定要坚定地走完。

于是,姚青开始了自己的创业之路,当时朋友建议姚青去选择开一个传媒公司,因为朋友觉得传媒的发展前景很广阔,但是,姚青拒绝了。

姚青又一次坚定了自己的信念,与其他两个同学开了一家软件公司,因为姚青学的是软件专业,所以,他对于软件这个行业相当了解。另外,姚青还聘请了8名技术开发人员,另外还有一个顾问。姚青只用了一年时间就在国内的软件公司中立了足,又过了两年姚青的资产已经超过了他的父亲。

在选创业项目的时候,姚青不仅能够拿捏得住项目标准,而且,他还有取舍的能力。其实，一个项目不论它有多么吸引人，创业者都要先进行一下筛选。有些项目也许适合别人，可是却不一定适合你。

【成功赚钱小贴士】

什么样的项目才叫适合自己的？"适合"的项目有三大标准：

1. 工作性质、内容符合个人职业兴趣，有些时候，自己能够胜任的项目并非是创业后的内容，在创业之初，这份工作能够激发人的工作热情和职业志趣，并且个人的能力能够满足工作需要、达到工作标准，也就是个人能够胜任工作，工作本身反过来也能够为个人能力的充分发挥提供有效平台。

2. 工作能够为个人提供可持续发展的空间，或者能够为个人的可持续发展提供某一个阶段的积累，也就是说，适合的工作应该让从业者看到工作的未来，看到自己事业发展的前景。也许这个工作不是职业者的终极目标，但是它能够让职业人明确在这个工作上所能得到的锻炼机会和提升范围，明白这个工作是自己职业不断成功的重要的有机组成。

3. 工作的薪资待遇能够客观体现个人的职业价值，即使在职业人实施职业转型职能转换过程中出现价格起伏，这个起伏也完全在职业人的接受范围。没有薪资保障，就说明职业人的跳槽求职工作是低效甚至失败的。

聪明的人懂得表达自己

表达能力是成功的关键之一，在公司中，能够主动表达自己的想法的人一般都是公司中的优秀者,而沉默寡言、默默无闻的人,大多数是企业中不起眼的员工。他们虽然不显眼,但是一直坚守着自己的岗位、职位,几乎没有变动。

在大型企业中,很多人都是默默无闻的分子。他们喜欢平静,喜欢按照别人的安排来生活,听从和服从是他们的性格取向,Emily就是其中一个分子。

参加工作后的Emily一直是在别人的领导下工作,有时开会她有比别人强很多的建议,但是,由于性格问题,她不会在会议上主动发言,结果同事纷纷升职,而她仍停留在原地。

之后公司的竞争力逐渐变强,而Emily也面临着被裁员的风险,当公司发展起来的时候,必然要进行一次大换血,而Emily便是陈旧的血液。在公司上上下下担心自己被裁员的时候,Emily也在随同别人一起担心着自己的未来,但是,她一直觉得,没关系,裁员还有别人一起陪自己。

当裁员名单下来的时候,Emily真是吓了一跳,整张名单上不过5个人,其中就有自己的名字。Emily这一次随同的是人少的一方。

失业后的第二天,Emily到新公司应聘,可是,不过10天她又一次失业了。原因还是一样的,她不懂得表达自己,上司觉得她是个没想法的无用品。过了不到半个月,Emily的一个朋友从国外回来,她在国内开了一个代理公司,于是,Emily成为了新公司的员工。这次她接受了先前的教训,学会了表达自己,并且,她在新公司的会议上提出了许多精辟的意见。

Emily这次把握住了自己的人生,在新公司工作了一年后,她有了一定的积蓄，于是，她告别了朋友，独自踏上了创业的道路。

　　Emily创业的初期与众人一样困难，可是不久后，公司就进入了正轨，她甚至要比其他创业者更早地成功。Emily的成功经验很简单，她其实知道自己的优势是什么，只是需要一个锻炼的平台。她学会了表达自己，学会让别人了解到自己的能力与不平庸。人生的这次飞跃，为她以后的成功奠定了重要的基础。

　　其实，表达自己的目的就是帮助你突破自己的内部或外部局限性。因此，表达能力是创业者必须培养的能力之一。

【成功赚钱小贴士】

　　现代社会创业的人越来越多，有些人在学校时期就学习理财，其实，我们要学会的不仅仅是书本知识，还要学会"表达自己"。

　　就像那句话，"爱要说出来"，你不把真实的自己表现出来，别人又怎么会了解到真实的你？其实"表达自我"也是一个需要不断修炼的过程，开始、试炼、成功，最后释放你百分之百的能力！

机会不会等人，更不会随便远离别人

　　谈到"机会"这个词，许多人会觉得是天方夜谭，因为机会是个抓不住、看不见的虚幻东西，我们知道"机会"的大概定义，可是却无法将"机会"描述出来。

　　我们要谈到的还是创业中的机会。我们遇到过机会吗？当然遇到了，机会就在我们的身边，看见的、看不见的，但是只要能帮到你的都被称作机会。

在字典里，"机会"被解释为具有时间性的有利情况。主要还是强调这个有利的情况。开公司的初期，大多数人无法知道自己是否处于有利的情况，很多人会在开公司的初期就品尝到失败的果子。其实，创业是要抓住时机的，不是什么时间都会有一个适合你创业的机会。

在许多创业新手的创业路程中都会有"机会"的存在，艾米的机会来得蹊跷，他觉得自己是一夜之间成为公司的领导，又一夜之间让自己的公司成为同行业中的佼佼者。很多人佩服他的"运气"，可是大家却不知道，他这样的"运气"其实每个人都有过。

艾米一直在一个广告公司做设计师，在公司4年的时间里，他将公司分析得非常透彻。都说广告公司风险最小，可是，艾米所在的公司却出现了一次空前的危机。

当时，公司老板的朋友在公司做了案子，因为是老板的朋友，所以，那个客户并没有经过正常的手续来签合同，但是，这个广告案涉及的资金非常大。谁也没有想到，这个客户会一夜之间将之前的合作化为乌有，公司也一夜之间就负债上千万元了。

同公司的许多员工都选择尽快离开是非之地，而艾米却留了下来，因为他之前的客户给他一个新的案子，这个案子他很想做，并且如果做得好，他将有一笔不菲的酬劳。

可是，第二天公司就宣布了破产，之前的老板也不愿意出来冒这个险。当时，公司的工作间将要被外兑，艾米觉得，这也许就是一个机会，于是，他连夜请朋友筹钱将公司顶了下来。

这是个非常冒险的举动，但是，艾米觉得越是冒险的事情越是容易成功。他请了几个之前公司的同事回来帮忙，不到一个星期就将设计做好，并且他的设计得到了客户的认可。

艾米在第一个案子做好后，并没有急于还债务，而是选择聘请一个资深业务经理。同行业里，艾米的公司更加能够把握住人脉，由于公司的口碑好，在圈内很快就成为了知名企业。

而艾米不到一年就还清了所有的债务，他觉得，创业就像一个梦一样，瞬间一切都不一样了。

说到这里，我们就要分析一下了，其他的员工难道没有这个创业的机会吗？当然不是，机会是平等的，大家都有，可是却只有艾米把握住了。就连之前的老板算在内，全公司的人，除了艾米都白白错过了创业的大好机会。

【成功赚钱小贴士】

大概很多人会更加诧异什么是机会了吧？我们打一个比方，当一群人被困在孤岛，岛上没有可以充饥的东西，这个时候，水里漂来一些鱼，鱼的数量很少，不够大家分的，但是有些人抢到了，而有些人却错过了。鱼就好比是机会，它是不会等你的，你不抢别人就会抢，而机会自始至终都没有离开你半步。

机会是固定的，它会出现在你的面前也一样会出现在别人的面前。所以，机会是需要大家挤破头抢的东西。它很宝贵，但是，凭借你的努力你是可以拥有它的。

创业的时机很重要，但是，真正的时机什么时候到来呢？其实，现在就是最好的时机。错过现在，你就是在错过机会。机会不会等人，因为机会在随着时间变化。而机会也不会随便远离人，因为机会在你的身边时时刻刻地出现着，除非你放弃它，否则它是不会放弃你的。

谁也不会想要给别人打工一辈子

几乎所以的企业家都曾经是朴实的打工仔，有些人的出身甚至比大家想象的还要奇妙。我这并不是嘲笑打工仔，我尊敬任何一个靠自己双手吃饭的人，因为，我从他们的眼里能看到对生活的渴望。

要改变自己的生活其实不是不可以打工，但是，要做到给自己打工。很多的朋友觉得，打工是社会中最卑微的工作，因为，打工者需要看上司的脸色，而自己却拿着最微薄的薪水。

很多人弄不清自己到底多厌恶打工，他们觉得打工是自己的工作，因为打工已经融入进自己的生活。其实，他们想要的绝不仅仅是给别人打工一辈子的生活。

我们来分析一下打工与创业的差别，一个大学生在公司工作几年后，不但赚不到创业所需要的钱，如果不留心学习公司的经营管理，更是无法学到创业的经验与技能。打工生涯学到的东西对创业基本上是没有用的，因为两者的角度不同，思考方式不同，得到的经验体会也不同。只能这么说，打工几年后你唯一获得提高的是打工的技术技能，而创业不是仅仅靠技术技能就能成功的。

更可怕的是，打工几年后，年轻人普遍会丧失创业的激情，丧失初生牛犊不怕虎的勇气，越来越沉湎于安逸之中难以自拔，最后创业的念头只能永远地留在心底，成为永久的遗憾。等他们的年龄到了40多岁，被老板辞退的时候，才后悔20年前为什么不出来自己创业呀！

我们扪心自问，打工时间长的朋友是不是觉得更加患得患失，害怕外面陌生的世界，害怕失业的危险，心灵变得越来越敏感和脆弱。心态不仅逐渐地疲惫和懒惰，整个人也没有了锐气和精神，只好安慰自己知足长乐，淡漠名利。但是生活变得越来越平庸，家庭的经济负担越来越沉重，房子和孩子教育日渐成为自己脖子上的经济绳索，勒得越来越紧，透不过气来。于是，只好调整自己的心态，让自己逐渐适应城市小爬虫的定位，自己本来就是庸人，庸人何必自扰之，发财是人家的事情，咱没有那命。

有人说，过去10年是蓝领工人下岗的高峰期，未来10~20年将是白领工人下岗的高峰期，你以为自己曾经读个大学就是精英了？社会不断进步，你的知识结构、身体素质、职业理念早就不如人家刚毕业的大学生了。老板是现实的，肯定率先在遇到危机时裁掉那些40~50岁年龄段的白领人员。

所以说你现在有个稳定的工作，你觉得安全，其实等于在你身边按了颗定时炸弹，等到10多年后，它会爆炸，你那时失业的痛苦与代价恐怕要比现在残忍100倍。其实从表面看，创业面临的现实风险比打工高很多，可是从长久看，打工带来的风险更高。

创业的风险是失去近几年的预期打工收入，甚至破产后还得赔进去自己借的一部分钱，但是毕竟年轻，能够屡败屡战，从失败中汲取养分和经验，经商水平与能力一次比一次高。逐渐融入经商人士的群体后，眼界和经验日积月累，总有一个量变到质变的突破，只要真正跨入了生意门，将来的事业基本上一片坦途。钱也越赚越多，财富积累越来越多，自身的价值也能得到最大的体现。

【成功赚钱小贴士】

当然，我们打工时要对工作本身、对企业、对老板负责，边打工边等待创业条件成熟。而实际上促使这些条件具备往往会消耗很多精力，拖延很多时间，有时还没有等到条件成熟，周边的环境已经发生了变化，旧的条件还没有达到，新的问题又冒出来了，结果还是无所适从，最终不了了之。

谁的内心深处都不会想要给别人打工一辈子，可能打工的生活对于你来说很安逸，可是，过了几年以后，打工的生活会逐渐变得乏味。等自己过了中年还要看着老板的脸色，你一定会觉得这是件非常痛苦的事情。

不要害怕前有猛虎后有狼，要相信，你在中间才能做出最佳的选择。

关注你身边的"贵人"

一个成功的企业家需要很多条件，所谓天时、地利、人和，估计大家一定觉得这是危言耸听。其实不然。

一个公司的起步阶段通常是命运多舛的，那些能一步登天的人也都并非是天生命好。有些人一辈子忙忙碌碌不见得会成富翁，而那些勤奋的打工者也并非成不了有钱人。不要去抱怨老天的不公，要看你是不是拥有致富的头脑。

再有很重要的一点，你的人脉中是否存在一个贵人。

所谓贵人，是指你生命中给你扶持的人，他可以是任何人，只要他能助你脱离现在的境况，他便是你的贵人。

成功的道路艰难坎坷，在通向成功的道路上能够拥有广泛的人际关系，并且累积"人际储蓄"，你就有更大的机会能够获得贵人的相助。只要有贵人赏识你、认可你、信任你，你就能赢得贵人的帮助。并且在自己的道路上架起一座通往成功的桥梁。

机遇往往是留给有准备的人的。如果一个人整天没有理想，没有憧憬，不知道路在何方，即便是有贵人的相助，他能帮助你什么呢？

可是也许你会问："我的贵人到底在哪呢？"

假如你正徘徊于人生的低谷，生活的困苦，让你已经去质疑人生还有什么意思，这时，靠你一个人的力量想要站起来很难。

你害怕一辈子都是这样，庸庸碌碌地活着，你憧憬每天在大房子里睡觉、喝咖啡，清晨起来看见落地玻璃窗透进阳光，外面是一个精致的游泳池。这些都是你想要的，可是你并没有成功，你并没有得到它们，你开始愤怒，你连个廉价的汽车都没有，而外面嚣张地开过一辆辆奔驰、奥迪。

是的，你愤怒。可是除了愤怒你还有什么呢？

接着，有一个你很久以前的朋友突然出现，他说他需要你帮他的忙，而且你会得到很丰厚的报酬，用不上一年你就可以拥有你想要的一切。

他便是你的"贵人"。那么你会不会伸手握紧他呢？

也许你碍于面子，硬生生地拒绝了他，然后他离开了，继续过他的生活。明明你会和他一样的，可是你却推开了将要到手的幸福。然后，继续等待你的贵人，可是，他已经被你放掉了……

在你职业生涯的规划中，朋友的概念是十分广泛的，同学、同事、童年伙伴、有共同爱好的人等，都属于朋友的范畴。不要用苛刻的标准来要求你的朋友，尤其是因工作关系而结识的朋友。

多个朋友多条路，现代社会，缺少了朋友，能否踏上成功之路都很难说，即使能够成功，也要付出和经受更多的挫折。朋友之间你帮助我，我帮助你。朋友永远是你周围最易得到，又常常被忽略掉的贵人。

要常常与朋友联系，不要事到临头才想起朋友，朋友关系是一种资源，需要去维护。而维护朋友关系，也是一种技巧。找机会和有能力、有成功经验的朋友聊天可以提升你对事业新的想法，带你走向新的成功。

所以朋友中可以变成"贵人"的人有很多，要看你怎么去对待他们，然后细心地为他们着想，最终他们也一样会为你的成功而伸出援助之手。

除了你的朋友圈，还有很多人会成为你的"贵人"。所以，把握住你身边出现过的人，也许你的人生会因此转折。

在生意上，"贵人"的作用更加强大，他们可能会在你陷入困境的时候帮你摆脱困难，也能成为你生意上的得力伙伴。

【成功赚钱小贴士】

当你在决定自己要努力创业的时候，先不要去分析自己的创业能力，要先将自己身边的朋友清点一下，你会发现很多人都是你生命中的一个插曲，而这些插曲最终会合奏出一个完美的乐章。

只要你能够用心地去观察、去把握、去留意，只要你能够学会对每个人都热情相待，学会把每件事都做到完美，学习对每一个机会都充满了感激，并且随时与你周边的人保持亲密的关系，贵人就会在无意之中、在你需要的时候、在你陷入困境时来到你的身边。

创业必赢基本法则

中国市场经济的持续稳定发展，为我们提供了一个公平的创业环境；信息化的普及，规范创新，给我们搭建了一个赶超先辈的平台；我们生活在一个和平安宁的时代，这也是一个令人血脉膨胀的时代，身处在创业的大潮中，我们更应该充分发挥自己的潜质。

如果在创业之初，没有一个坚定的决心，那么在遇到困难时就难免开始摇摆，甚至于怀疑自己，或者半途而废。因此选择自己最热爱的事情创业，专注地做自己最热爱的事，对于初次创业的大学生来说，犹如一剂兴奋剂，能在遇到困难和挫折时坚持自己的选择而不放弃，带给自己最大的信心和力量。这一点，是非常重要的。

团队有了，选好了创业的方向，明确了创业的目标，接下来便是沿着自己选好的方向前行。在前行的道路上，怎样才能做到很好地发展，这是每个创业者都要思考的问题，而且是必须常常反思的问题。要想做好这个行业，必先了解行业，同时成为行业的专家；必须了解客户需求，有专业的知识技能，并掌握行业的商业赢利模式。

从清华同方辞职后，3个年轻人凭借熟悉的计算机知识，力图复制王志东的新浪、丁磊的网易，也曾努力尝试过多次，但最后发现突破先行者比较难。最后他们想到了最为熟悉也起码能够实现公司自给自足的方式——家教。不同的是，这次他们决定不再亲历亲为，而是选择搭建和推广网络平台、吸引大学生及学生家长付费登载个人需求信息的方式。这样，通过对供需双方各收一定费用，学大教育的最初构想成型了。

当初的学大教育基本上就是一个中介组织，仅给双方提供一个信息披露平台而已。但经过几年的摸索和实践，学大教育的知名度和网络平台的点击率在不断攀升，其线上线下的活动不断受到关注，品牌已逐渐在各大高校学生及各地中学生家长中间建立起来。

在创业最初，尽管公司在3个月之内就已经开始赢利，但李如彬并没有满足，而是开始了新的思考："我希望别人一提起学大，'个性化教学'这个概念在脑袋里就能够呈现。"

"到了2004年，在学大注册的家庭教师已达30万人次，销售额也达到了几百万元。但是为了让学大在个性化教育这个领域里做得更专业，我们取消了公司家教中介业务，尽管为此我们每年要损失好几百万元，但我们都觉得值。"

"我们成立了'个性化教育研究院'，聘请王晋堂等教育专家组成顾问团，聘请原中加学校副校长马瑾女士等中年教育骨干加入我们的团队。他们把自身对教育几十年的思索、思考、思想等尽数奉献给学大，进一步丰富了学大的教育理念，升华了学大的教育理想。"

同时，他们对工作流程进行了完善，实行标准化，使学大从中心校长到基层管理人员，再到普通教师，从招生咨询到分析诊断报告，再到为学生选择老师授课，都有了一个明确的文本格式。慢慢地，一个符合李如彬的"个性化辅导"理念的商业模式在学大逐渐形成了，吸引了无数的学生和家长，营业额出现剧增，公司也开始不断扩张。

2007年10月，走过6年多的学大教育终于迎来了首笔融资，一家管理着20亿美元的国内知名股权投资机构——鼎晖投资公司看中了学大的美好前景，向其注资近2000万美元，鼎晖是学大教育在教育领域中投资的第一家企业。

目前，学大教育全国在校中小学生总数超过2亿，如果按每月用于每个孩子消费额的30%用于教育消费计算，中小学培训市场的前景高达数百亿元甚至上千亿元。

迄今为止，李如彬仍然在不断完善自己的"一对一个性化辅导体系"，这个模式已经成为教育行业的典范，成为了学大成熟的营利模式，这样的商业模式探索是李如彬和他的团队经历了7年的摸索而逐渐完善和成熟的，并且在不断地精益求精中。当然，也成为了同行所效仿的商业运作模式。

【成功赚钱小贴士】

中国经济非常有活力，并且正继续发展。农村的城镇化还有很大潜力，大量的农民要转到城市，大批人要过上好的生活，必须要靠创业的人去带动。因为大企业的就业人数是有限的，只有创业者遍地开花，中小企业形成燎原之势，才能真正带动就业，进而推动更大发展。

国家的发展呼唤创业。经过多年市场经济的培育，创业的政策环境、商业环境、社会舆论环境等也越来越好，最鲜明的例子是，创业者现在能够凭借更多市场化的帮助，来寻求更好的起点和发展路径，如天使投资、风险投资，可以在资金、战略、管理等方面进行实实在在地帮扶。

这样的优势同时也给了创业者必赢的信心，他们在任何场合都能找到自己想要的项目，低头看，遍地是黄金。

学会理财是开公司的必要条件

一般人谈到理财，想到的不是投资就是赚钱。实际上理财所涉及到的范围很广，理财是理一生的财，不是解决燃眉之急的金钱问题而已，理财，也就是个人一生的现金流量与风险管理。

理财是现金流量管理，每一个人一出生就需要用钱，也需要赚钱来产生现金流入。因此不管现在是否有钱，每一个人都需要理财。

理财也涵盖了风险管理。因为未来的更多流量具有不确定性，包括人身风险、财产风险与市场风险，都会影响到现金流入或现金流出。

创业者要学会花好钱，而不是好花钱。花钱也是一门学问，尤其是在开公司的人们，很多人开了公司无法赚钱，这其中的原因就是无法花钱。

能开公司的人，不一定能赚钱，而能赚钱的人不一定能理财，但是会理财的人就一定会赚钱。如果学会了理财，那么，自己也就能够将投资这个内容做好。

理财规划的核心是资产和负债相匹配的过程。资产就是以前的存量资产和收入的能力，即未来的资产。负债就是家庭责任，要赡养父母，要抚养小孩，供孩子上学。提高生活品质的目标变成了我们的负债，要有高品质的生活，让你的资产和负债进行动态的匹配，这就是个人理财最核心的理念。

有些人付出很多时间与努力，最后才得以在退休后有足够的财力以保证往后的稳定生活。然而，另一些人未必需要付出这么大的心思和努力，也同样可以得到退休后安稳生活的回报，这是为什么呢？其实，它并不关乎你幸运与否，而是看你对于金钱的预先规划及实践能力。因此，我们所说的巧劲儿，就是在为自己的理财大计订下目标之前，先真正地了解了自身的财政状况。这样，才能够增加理财成功的几率。

在现在的金融界，很多理财项目可以投资，例如，炒金、炒房、期货、国债。这样的项目投资以后回本率高，而且就现在的状况来说，投资房地产类也是个不错的选择。若是通货膨胀到来，这些理财项目也会让你的投资在市场大赚一笔。

理财是个很重要的内容，它所包含的内容也很广。想要开个赚钱的公司，等着赚钱是不够的，如果自己连理财都不懂，那么，如何能够赚更多的钱呢？

【成功赚钱小贴士】

所谓了解，就是要清楚列明个人的资产，包括固定资产及浮动资产，然后再计算支出等，并请专门的理财专家依据你目前的生活状况进行分析，最后才能定立出一个你可达到的目标。所以，目标不是随随便便写就的，定得太远太高，只能增加个人负担和压力。应该按个人的资产负债及损益情况而制定一个踏实的财政预算。

如果你自己觉得创业的时机没到，那么就多花些时间去学理财吧！当自己的理财成功时，自己的荷包也会逐渐鼓起来。

只要想创业方法有很多

你是整天为了钱而疲惫地生活，还是无忧无虑享受生活的乐趣？

可能大多数人的情况都是前者，没有足够的资本，陷入窘迫之中，这就只能说明一个问题，这些人不懂得做一些突破性的尝试。

创立量子基金的投机大师索罗斯说："生活的重心不是金钱，但钱是达到目标的手段。"聪明人是如何赚钱、如何成功创业的？看看下面5招，以提升你的商业头脑。

第1招：隔山打虎

这一招的要点是学会与别人合作，而不是什么事情都亲自去做。因为你不可能是位全才，要学会不纠缠于鸡毛蒜皮的小事。巨大的财富通常是有眼光的帅才同多才多艺的智者通力合作的结果，真正的赚钱高手通常是善于利用别人的能力赚钱的人。凡事亲历亲为只会分散你的精力，使你无法对全局作出判断。

"劳心者治人，劳力者治于人。"这话老祖宗早就说过了，要不你看不论是在古时候还是现在，怎么那么多人都喜欢当官呢？利用别人成就自己并不一定觉得难受，从另一方面说你也是在帮助别人。

第2招：当机立断

要赚钱必须果断，学会迅速地审时度势。快速决断能够使你占据领先优势，拖拖拉拉、畏首畏尾、不敢决断是赚钱之大忌，这会让你一次次贻误良机。

"机不可失，时不再来"，机会于我们不会像电视里面的医药广告一样铺天盖地，更何况是赚钱的机会。记住，只有自己走出去了才能有成功的机会，否则是一点希望也没有，这就是道理。

第3招：穷追猛打

成功者往往是持之以恒、埋头苦干的人，一个专心于目标并致力于此的人。做事有头无尾，遇到一点挫折就退缩是不可能获得成功的。要赚钱就不能怕辛苦，如此则成功可期。

持之以恒方能成就大事业，这个道理大家都懂，但在现实当中我们有些人由于生活所迫不能坚持，往往离成功就差那么一小步。询问那些成功的人，他们都是尝尽苦中苦之人，在一次次失败中跌倒，而后又爬起来重新开始并最终成功。

第4招：眼观六路

这一招的要点在于善于观察，对新观点、新事物要保持敏锐的头脑。可随身携带一个简便的本子，随时记下你发现的生财之道，有时间的时候加以整理，就会发现几个方法合在一起，就得出有价值的方案，然后迅速开始实施你的计划。

现在的发财信息很多，要善于甄别，选自己喜欢和熟悉的行业来做是不错的选择，多看多问多听，这样能够避免走弯路。

第5招：胆大心细

你必须认识冒险是有代价的。要知道世界上绝没有万无一失的赚钱之道。盲目随大势，贸然作决定都是不可取的。要避免失败，就要处处小心，躲开可能碰到的陷阱。

什么事情都不能太过，胆大是要胆大，但后面还有个心细，其实胆大与心细，人们有时候很难同时做到。胆大的人不一定心细，心细的人不一定胆大。我的理解的胆大是宏观处理大事，心细是微观处理小事，如果你能做到处理大事的时候，有处理小事那么认真就够了。

【成功赚钱小贴士】

没错，有钱绝不是目的，但有足够财富才能做生活的享乐者。所以如果你要过上向往的生活，必须要先冲刺事业、累积财富，以下8种方法，有助于你提前实现财富自由梦：

方法1：转进有上市可能的小型科技公司

中小盘科技股将再次受宠，如果您刚好是将要公开发行股票的公司的员工，就能够获得数目不少的内部职工股，一旦内部职工股上市，所获得的收益就非常得多。这已经被那些曾经上市的国有大公司的员工证明是一条发财的捷径了。

不过，由于上市的名额有限，审批程序也比较复杂，带有一定的偶然性。

方法2：寻找最具价值的投资创业机会

投资到具有前景的行业，不管是自己当老板，还是投资别人当老板，都会给投资者带来更多的收益。

方法3：连锁店复制，让别人帮你赚钱

自己先找到开店赚钱的诀窍，然后发展连锁，开放加盟，让别人帮你赚钱。

方法4：转到业务报酬最高的行业

想要快速致富，做业务比较有机会，只是除了人脉与交际手腕外，专业知识才是拓展客户的关键。

方法5：具有不怕被淘汰的专业能力

其实如果你有一个足以重回职场的专业知识与技能，就等于拥有无形的财富，即使积蓄还不足以让你过一辈子，但你有本钱，可以趁年轻时，去做更多尝试，提前实践你所向往的人生。

方法6：网络商机＋代理商机

副业也能赢过正职，喜欢上网购买物品的人很多，想到利用网络赚钱的人却不多。如果能够与国外供货厂商联系，通过e-mail做成国际贸易，就能轻松赚钱。不过需要注意的是，经营网络商店初期，一般来说，没把握能有稳定的获利。

方法7：工作与理想兼顾

如果爱好旅游的话，可以将人生目标与职场结合，专找可以到处旅行的工作。比如旅游作家等工作就需要不停地跑动。

方法8：不受地域、年龄限制的投资专业

这样的工作最能实现自由的人生。比如金融领域的投资工作，只要掌握了投资技巧，而且住的地方有网络，就可以投资全世界的股市与期货。

人生低谷怎样克服

要相信自己的能力，再多的困难也不必担心。只要你决心克服，就一定能走出人生低谷。

人生都会经历低谷，一帆风顺的生活是童话。那些不切实际的东西会阻隔我们对于未来的热情。不少人都不喜欢改变，而情愿保持现状。心理学家霍曼和瑞希指出——不管是丧偶、生病这种坏事，还是结婚、升职一样的喜事，只要是生活中的改变，都能给人带来压力感，与身体疾病和精神疾病也有或多或少的联系。谁没有过低谷？谁又成功地克服了低谷呢？

我们的人生之路并不会平坦，从小到大，低谷无处不在，但是别担心，今天过了还有明天，只要生命仍然继续，咬紧牙关撑过去，明天我们就能享受幸福和欢愉。

被日本人推崇为经营之神的著名企业家松下幸之助，曾经经历过卧病在床、发不出薪资的窘境。他在《路是无限宽广》一书中回忆这段日子时说道："只要我们本身具有开拓前途的热忱，从心灵深处拜各种事物为老师，虚心去学习的话，前途依旧是无可限量的。"

乔治的父亲曾经是个拳击冠军,如今年老力衰,病卧在床。

有一天,父亲的精神状况不错,对乔治讲述了自己的一次经历。

在一次拳击冠军对抗赛中,他遇到一个人高马大的对手。因为他个子相当矮小,一直无法反击,反而被对方击倒,连牙齿也被打出了血。

休息时,教练鼓励他说:"辛,别怕,你一定能挺到第12局!"

听了教练的鼓励,他也说:"我不怕,我应付得过去!"

于是,在场上他跌倒了又爬起来,爬起来后又被打倒,虽然一直没有反击的机会,但他却咬紧牙关支持到第12局。

第12局眼看要结束了,对方打得手都发颤了,他发现这是最好的反攻时机。于是,他倾全力给对手一个反击,只见对手应声倒下,而他则挺过来了,那也是他拳击生涯中的第一枚金牌。

说话间,父亲额上全是汗珠,他紧握着乔治的手,吃力地笑着说:"不要紧,才一点点痛,我应付得了。"

看着父亲,乔治也想起自己经历过的那段艰苦日子。当时碰上了经济危机,他和妻子先后都失业了。

但是为了生活,他们夫妻俩每天仍努力地找工作。晚上回来时,虽然总是望着对方彼此摇头,但是他们从不气馁,而是相互鼓励说:"放心,我们一定能应付得过去"。

如今,一切都过去了,乔治一家人又回到宁静、幸福的生活中。

于是,每当晚餐时,乔治总会想到父亲说的那段话,决定要将这段话传播开去,他要告诉子孙们与朋友们,甚至是他遇到的每一个生活艰苦的人,在困境中要告诉自己"我一定应付得过去"。

在人生的海洋中航行,不会永远都一帆风顺,难免会遇到狂风暴雨袭击。在巨浪滔天的困境中，我们更须坚定信念，随时赋予自己生活支持力，告诉自己"我一定应付得过去"。

当我们有了这份坚定的信念，困难会不知不觉地慢慢远离，生活自然会回到风和日丽的宁静与幸福之中。生活中的急转身还会招来来自周围的压力，特别是对那些自认为不太如意的人，你的升迁和进步让他们深受打击。于是他们会列出新环境中可能遇到的种种困难，看似关心实则想吓退你。

唯有相信自己能克服一切困难的人，才能激发勇气，迎战人生的各种磨难，最后成就一番大业！在开始人生新阶段的相当长时间里，不确定感会如影随形，你可能因此战战兢兢、莫名焦虑。告诉自己，不安不是因为你做错了什么，而是因为你正在学习新东西。

【成功赚钱小贴士】

要相信自己的能力，再多的困难也不必担心。只要你决心克服，就一定能走过人生的低谷。

人生的的低谷不是靠别人将你拉出来，而是需要自己去克服，别人只能帮你加油，而真正用力气的人还是你自己。

遭遇低谷的时候不妨说一句："我行的！"

创业与投资是两码事

有一个友人跟我说，为了创业，她把房子给卖了。然后租房生活，卖房的钱支撑生活和投资，最近在新租的房子自己粉刷墙，因为外头找的小工说一天要2000元。她现在连这2000元的钱都要省下来了，以前曾经是多么的不屑啊！

友人的创业到了这个地步，其实最关键的还是因为她的合伙人的问题。简单说就是，友人跟两个朋友去年合伙开了这个公司，友人全职投入公司，两个朋友都分别兼职，他们有着自己每月稳定的工作收入。在合伙的这一年中，他们对公司的管理和关心越来越少，到今年已经是不闻不问的状态了。其实，换言之，这两个股东就是名义上的投资方，他们压根就没投入多少精力，他们没有生存和生活的压力，有则乐之，无则幸之。而当初他们三方的约定也很奇怪，友人虽然是全职投入，却不是法人，算是股东，而且友人从公司开张到现在，没拿过一分钱，更没有分红，因为公司还没有赢利。因此，也就是说友人投入了无限的精力、时间、财力，一年多没拿过一分钱。而另两个合伙人，反正有着稳定的工作和收入，对投资的这个公司根本就无所谓。卖房之前，友人跟两位合伙人提过工资的问题，但他们居然很惊诧地说，难道你需要工资吗？我们都没有拿到一分钱呢。可是，友人总是要生活啊，所以，她把房子卖了。

我听到友人的遭遇，其实很是惋惜。如果从最初的合伙协议开始，就约定好所有的事项，如今或许也不会有这样的问题出现。如果那两位合伙人只是以为，投资就是创业，那么他们的心态完全错了。投资，跟创业完全是两码事。创业，要考虑的就是每一天的生存和压力，是实打实的现实问题。投资，你只是出了钱，然后你就以为可以坐等收成，世间又岂会有如此美好的事情发生？那谁都愿意这样干了。

我跟友人提的建议是，要么你一点点地把股份都吸纳回来，要么让他们弥补之前的工资，哪怕是最低工资也可以。如果还是要继续合伙开这家公司，那么重新约定股份比例，重新约定分工协议，他们两位要么不参与公司管理，要么另请空降兵管理开工资。

那两位合伙人的心态，也是普遍现象。我周边的不少朋友，也一直打着这样的如意算盘，一边有稳定的工作收入，一边有个自己的公司玩儿着。其实这样不是好事，因为你无法全身心地投入，创业是一门需要全力以赴并且赴汤蹈火的事业，它容不得半点马虎，它不是玩儿过家家游戏，累了倦了随时可以撤退，它是一门开头就要想好的事业。所以，不少朋友最终的结果就是，创业的公司最终还是不了了之，因为他们没有投入精力，而他们也压根不知道创业者的心态。创业，跟投资，就是两个极端。

【成功赚钱小贴士】

有人形容婚姻，吃着碗里的看着锅里的。而投资创业项目也是如此，你不可能巴望着不劳而获，如果你投资了，就一定要投入精力。投入了，那才叫找到创业的感觉。

掌握事业的黄金时期

黄金时期这个词汇我们不止一次地听到。创业的黄金时期是指好的创业时间，当然这只是大众化的说法。

其实，说创业的黄金时期倒不如说是创业的黄金时机，现在已经不流行挑年龄创业了，我们知道肯德基的创始人是个60多岁的大叔，我们也知道世界上最小的CEO年龄只有9岁，这代表什么？

既然年龄不是创业的必要因素，那么黄金时期又是指什么呢？

很多的创业能手都知道自己为什么创业，还没创业的人想知道自己如何创业，其实，你不缺别的，缺少的只是一个时机。

谈起创业，26岁的马勇说，没有优美的文采，没有犀利的文风，没有华丽的辞藻，只有在创业中跌倒、爬起的感受，只有在创业中继续前行的感悟。从选择创业那天起，他就做好了失败的准备，他用心、吃苦，最终使自己在磨难中成为深巷中的香酒。

2006年马勇毕业后，家人安排他进了研究所，整日闲散的工作和千余块的工资，使他既参与不了团队核心研发，也满足不了自己的日常生活，一个半月后，他选择辞职。

马勇说，他学的是计算机专业，凭借自己的专业知识，他辞职后在一家电脑公司任职销售。从这时起，他开始了解该行业，一年的时间，他就自己成立了经营部，开始销售电脑。那时经营部只有他和一名员工，租的办公室只能摆下两张桌子，虽然办公环境简陋，但凭借他积累的经验和人脉，第一个月就赚了8000元，给了他很大信心。

赚到的第一桶金，使他对创业更加信心十足，很快他的员工又增加了6个人，狭小的办公区明显拥挤了，马勇把办公室从楼上换到楼下。但令他没想到的是，因为没有在工商变更公司注册地点，他新进的一批货被工商查封，这使得他全部的积蓄化为泡影。

那次事故，是因为马勇没有经验，但也令他汲取了不少经验。

2008年，当西安市政府大力鼓励大学生创业时，马勇成为政府大学生企业帮扶对象之一，不仅推荐给西安市创业办参加培训，而且还顺利拿到了政府贷款。

拿到创业贷款，使马勇的企业又向前迈了一大步。现在公司主要业务是做政府采购，主要采购打印机、电脑耗材、复印机、网络工程建设，通过政府采购中心网站定期发布的采购信息，采取招标。今年4月，他的公司通过招标，已经加入政府采购体系，成为2010

年政府采购协议供货商。目前，他和团队自主研发的警察专用笔记本项目，已在试用阶段，测试各方面达到要求后，就开始投产并申请专利，可以进行全省、全国推广。

马勇说，从把经营部转变为公司，不管是供货还是售后，他都要安排技术人员上门拜访，进行维护。通过这种方式，跟客户建立了良好的关系，经常有老客户推荐新客户给他。他相信，凭着优质的服务，生意定会越做越大。

创业选项目就像是选妻子，必须是自己喜欢的，而且要能够和自己过一辈子。你不妨从自身出发去寻找，当你买了一个手表的时候，你要看到的不是时间，而是它的商机，这样，你就离成功只有一步之遥了。

【成功赚钱小贴士】

记住，当你有一天在大街上发现有一样东西这里没有，或者这样的东西别人经营的方式很无趣，那么，该你发挥的时候就到了。

如果你能明白其中的道理，并且设计出新的经营想法，那么你事业的黄金时期就要开始了。

小城市创业赚大钱

小城市创业没什么不可以，小城市有小城市的优势。只要把握好市场，没有什么不可以。

在小城市中，有这样的问题：（1）市场成熟度不够，入市后竞争没有大市场那么激烈；（2）创业成本相对较低，不论门店租金，水电费,还是人力资本都比较便宜,不过一个成熟的产品在哪价格都是差不多的(产品成熟不等于市场成熟);(3)繁华地段较集中,容易选址;(4)小城市,小市场,好把握。

你首先要知道自己做什么。

选择一个你创业的行业(产品),既可以是一个行业的某个环节,也可以是具体的某类产品。当你要创业的时候,企业的经营方向就是你企业站在社会上的门牌,你必须明白自己想要的是什么才行。

确定你的目标主要从两方面考虑:一是所有你想到的可以利用的关系和渠道;二是你所在小城市的市场状态。

选择项目是你第一个要考虑的问题。先不要急,静下来,想一想,既然是自己的家乡,一定有很多亲戚朋友在这里发展,他们都是从事什么行业的,有没有你可以切入的地方?一个项目你握有上游或下游或上下游都有的关系,你就成功了一半。

一个问题想完了,可能会有几个方案摆在你面前,下面你要做的就是从中选出成功率最高的项目。创业就是为了成功!每个创业的朋友都要坚信。

接下来你就要考虑当地市场。如果这个项目在当地已经成熟,它已经进入稳定发展的阶段,初创的你很难脱颖而出,除非你有创新,不过创新也是创业者的毒瘤(可能说得有点夸张,不过一个市场上从来没有过的产品,谁也不知道未来它的销量会怎样,对于一个创业者来说,对于未来完全不确定的事物还是不要拿自己的血汗钱冒险)。

如果这个项目在当地完全还是空白,你也不要高兴得太早。好好想想为什么这个项目目前在当地还是空白,是大家都没发现这个商机,还是这个项目在当地完全没有需求?如果是前者,又发现这个项目在当地具有潜在需要,请别犹豫,动手吧;如果是后者,那就考虑别的项目。有的朋友说了,没有需求我可以挖掘需求。如果在大城市,人们接受新事物的能力强,人口也多,你可以挖掘试试;但是如果在小城市,对于从来没有接触过的新事物,人们是否能够快速地接受,你能否承受这个过程和流失的成本?

如果这个项目在当地已经起步,已经有大多数人关注,但是还没有到成熟的地步,你可以考虑一下。都说,第一个吃螃蟹的人是最勇敢,其实,第二个吃螃蟹的人才是既勇敢又聪明的。

选定项目后,就要选择用哪种方式经营。如果是做批发,你需要一个小的库房,因为你一定有大量存货,不过如果你的上游和你很铁,你订多少他发多少,而且发货及时,你做皮包公司也不是不可以。如果你做直营,那就需要一个店面。不同产品对店面的要求不同,如果你只是开个精品店,我相信20平米足够了,人家四五平米也能开得红红火火。如果你开个家织店,有床上用品、窗帘、个性家居用品,那就要大一点儿的店门,床上用品你要有个床来展示,窗帘你要挂起来,家居产品你也要有展示,起码要50平米。选址基本上哪热闹选哪,不过也要考虑自己的资金和周边店面的分布。不是有同类店面你就避开,良性的竞争也不一定是坏事。

最后,你必须知道自己的客户群体是哪类人,就是这个东西要卖给谁。其实这个问题应该在前面就想到的,不过后面想也不晚,对于不同的目标顾客采取不同的销售政策,根据当地消费水平定价,针对不同层次有不同的产品。如果你的产品不是针对特定的消费人群,就尽量覆盖这个消费层次。

【成功赚钱小贴士】

小城市和大城市之间的差别就在于小城市市场没有大城市广，有人会觉得小城市的竞争力肯定会比大城市小。其实这个说法是错误的，大小城市的市场需求比例都是相同的，而在这样的竞争力中，小城市中创业群体一定要做到万无一失，分析好市场是小城市创业的必经之路。

红杉资本——金钱并不等于成功

"创业的火一经点燃，引发了整个森林都在燃烧，这其中有多少人最终成功？"

红杉资本中国基金创始人、执行合伙人沈南鹏眼中的国内创业企业的投资市场有些过度投资的倾向，他告诫大学生创业"心态应该放缓"，更要做好准备。而华远集团总裁任志强则相信资金对于年轻人创业的过度宠爱，没准最终只能适得其反。

诸多创业老将表现出对现今创业市场的忧虑，他们相信钱并不是解决创业难的决定性因素，反有可能培养出不负责任的创业者。

过多给钱有风险

"中国可以容纳50家经济型酒店的品牌吗？肯定不会。有相当一批会倒下，这是可以预期的。"在几年前，很多人将沈南鹏创立的"如家"快捷看作一种新的商业模式，于是很多资金蜂拥而至。最终，在经济型酒店这一板块，可能一年就有2000家新酒店开张。

在沈南鹏看来，这并不合理。他相信接下来会有更多的钱涌入中国，寻找企业家和创业者，可是这未必是一个好消息。因为一大批的创业企业正在不计成本地进入市场，有的创业企业融资的市盈率超过了100倍。

"最终只能资源浪费，产生不了GDP。我看到了创业企业的过度投资与过度竞争，当然，房地产并不包括在其内。"沈南鹏说。

"过多地给钱有风险，应该多一些培训以及社会训练。此后再经过严格地挑选，给出少量的创业投资。"中国改革发展基金会副秘书长汤敏看到，即使在国外，天使基金对投资也十分谨慎，而且成功率不高。

或许创业者的心态应该放缓，沈南鹏认为大多数的企业从创业到成功都要摸索很多年，一个简单的假设：如果之前没有在万通的工作经历，或许其成功的几率会减少一半。毕竟，不是每个人都可以做比尔·盖茨。

任志强也笃信，钱不是解决创业难的灵丹妙药。特别是对于年轻人来说，天上掉馅饼一样的巨额投资只能培养出不负责任的创业者。在任志强创业初期，只有由政府担保的20万元的贷款和一辆不手摇就开不动的破吉普车。

SOHO中国董事长潘石屹十几年前在海南寻找发财机会时，情况也十分艰辛。6名最初的创业者好不容易找到一家金融机构，借钱的利息高达20％，赚钱还要与东家对半分，此外这笔投资还要由东家保管。就是在如此苛刻的情况下，潘石屹等6个人一起努力，才赚到最初的100万元。之后，这帮年轻人才有机会去北京发展。

现在已经有政府在着手进行创业教育方面的尝试，但是已经不是一味地给钱。现在上海市大学生科技创业基金会正在探讨的方式，就是在小企业已经经历了创业的前期阶段之后，出一部分的钱，与企业共同承担风险。

"创业力"的缺失

不当"头羊"的"肥羊"很多，因为头羊需要承担更多的责任，而肥羊不需要对团体负责，只要顾自吃食就可以了。这是任志强的理论。就如同在现在很多电视选秀节目中，一定要让参赛者决出"头羊"再进行投资，这是一种对于创业精神的培训。创业与赚钱并不能简单等同。而在远大空调总裁张越的印象里，他最常被问到的问题就是"做什么东西最容易发财"。他认为这就正体现出了现在创业者的浮躁心理，以及创业精神的缺乏。

"我在以色列发现了诸多学术性创业企业，仅红杉资本在以色列就投资了30家创业企业，而其中的5家卖给了思科。从某种角度来说，技术型创业企业的发展潜力无穷。"沈南鹏认为，中国企业中华为一定会有能力挑战思科，因为华为有技术，这也是目前大多数中国创业型企业所缺少的。

任志强同意创业基金存在的合理性，现在的关键问题在于如何使用类似的基金，因为创业力、创业精神比创业更为重要。否则，创业者一定会不负责任。

【成功赚钱小贴士】

有了创业的商机是远远不够的，而有了钱也并不等于成功，创业资金可以说是创业开公司的"敲门砖"，打开了这扇大门后，赚的钱也仅仅代表了你有赚钱的能力。

这个时候你可以问你自己，成功了吗？当然没有，坐吃山空就等于失败，而你需要做的是继续提高你公司的地位，当它到达了一个需要别人仰视的高度时，你也仅仅成功了一半，真正的成功是你不仅要将自己的企业的潜力全都释放出来，还要将你自己的能力也全都释放出来。企业无人可及的时候，你才算是成功，你才能获得一份成功的快乐。

创业者需牢记的创业禁忌

凡是做生意成功的人士，都有十忌：

一忌：坐门等客。经商不跑不活，商品市场瞬息万变，商品交流讲究时效性，坐门难见客。只有跑动，才能得知市场信息，找准时机，方能赢利。

二忌：没胆量。俗话说，只要有七分把握便可行动，余下的三分把握靠你争取。遇事下不了决心，错过时机不得利，要知道经商中十拿九稳赚钱的事是不多的。

三忌：商品越贵越不卖。商品不可能只涨价不跌价，贵到一定程度，只要赚钱便卖，无论赚多赚少都要满足，若坐等高价，十有八九要吃亏。

四忌：把钱存起来。赚了后不愿再投入，把活钱变成死钱，只有得寸进尺，不断扩大经营规模，发展壮大自己的事业，才能更上一层楼。

五忌：好高骛远。看不起小本小利，想一口吃成胖子，这样永远也发不了大财。只有从小到大，慢慢积少成多，一步一步地走，最后才能爬上财富的顶峰。

六忌：酒香不怕巷子深。许多人只注重生产而不注意推销，认为东西好了自然有人慕名而来，这是被动的销售手段。只有主动招徕，扩大影响，才可多销而营大利。

七忌：人家咋干咱咋干。缺乏创造精神，总跟在别人身后，被人牵着鼻子走，别人把利收完了，你再干就获利甚少或一无所得。只有抢先一步占领市场，才能获胜。

八忌：热信息热处理。得了热门信息，便急急忙忙盲目行动，不做好充分准备，打无准备之仗败多胜少。只有认真分析、研究市场，待胸有成竹，方能上马。

九忌：喜热厌冷。总以为什么东西干的人越多越有利，要知道"萝卜多地皮紧"。只有看准"不起眼"之处，爆冷门，才可能拥有市场。

十忌：厚利销售。销售商品只顾销量多，利厚价高令人望而却步，结果厚利销少。只有把利看得轻些，价格合理才会有顾客，薄利多销方能赚大钱。

【成功赚钱小贴士】

业务是跑出来的，机遇不等胆小的人。薄利多销，一步一个脚印，主动创新定能成功！

公司应该这样做事

企业者开公司应具备以下能力：

第一，一定要有激情和理念，你才能感染自己和其他人。在最困难的时候，在所有人绝望的时候，你要感染你的客户，感染你的员工，感染你的合作伙伴……你要感染所有人！

第二，要专注。别说小公司，大公司多元化也有失败的例子，小公司更应该抓准一个点把它做深、做透。这样才能积累所有的资源。专注就是有所不为才能有所为，这点非常重要。

第三，要有执行力。很多创业者很容易在这里摔跟头。我见过很多人夸夸其谈，估计他们创业至少第一次肯定都不会成功，因为我觉得真正的创业者要少说多做，要把自己美妙的想法努力转化成结果。

创业者做事情着眼点要低，要现实。很多创业者去见风险投资人的时候，说起自己的事业都说得云山雾罩的，其实这样会让风险投资人根本不明白你在说什么。你只要老老实实地说你想做什么，这个东西能解决什么问题就可以了。

想法只是一个开头的方式，是不值钱的。我们坐在这儿，一个小时可以天马行空，弄出几十个想法来，脑子稍微一转，你的思想已经在宇宙走了好几个来回了——行动的成本才是最高的，对创业者来讲，要看自己是不是有这种经验和执行力。同样的想法，两个人同样做，谁的执行力更强，谁的经验更丰富，谁就更容易成功。

第四，创业者还要有一种胸怀，就是所谓与时俱进的学习能力。我看到很多人创业不成功就是因为他们太自负，不能从成功人士那里学到一些优点，听不进好的建议。很多创业者没有经验，没有经验不可怕，问题是你有没有谦虚、开放学习的心态，使你不能与时俱进。很多创业者会陷入一个死循环，他们通常认为自己看得准，才是出手的前提。积累经验越多，才能越看越准，但你没经验，又怎么可能看准？

解决这个问题有办法，时机不成熟，就不创业，先给别人打工。把公司让我做的事情做好，提高自己的能力，逐步就知道创业的方向了。我不赞成年轻人刚毕业就创业，我认为他们还是应该在公司里踏踏实实干五六年，虽然是打工，实际上是公司在给你"缴"学费，你在不同的平台通过积累经验，这是任何老板剥夺不走的。只有积累这种经验，你的创业能力才更高，才更有把握。

第五，不要盲目去模仿和抄袭大公司的做法。比如，很多人在新浪、搜狐做过，他出来就会不自觉地按照大公司的做法建立一些规范制度等，但大公司为了稳妥，一般做事程序都比较慢。大公司为这个"慢"付得起代价，小公司不能用大公司的这种做事方法。有一个大象和兔子的故事：大象和骆驼3天不吃也没事，但是新创业的公司像小兔子一样，每一步都要跑得快，要到处找食。本来就是个兔子，却以为自己是个大象，用大象的心态做事，在狼面前慢慢踱步，最后就会被狼吃掉。创业意味着你要有创业的做事方式。

【成功赚钱小贴士】

如果你跟大公司做一样的事，大公司的实力很强，你跟它比是没有优势的。因此，如果把整个产业画成一张地图，你可以看哪些领域被谁占了，谁有什么优势。你应该找一个不在这张地图上的事情去做。比如说，前几年大家都不重视的搜索，现在就做起来了。创业公司应该踏踏实实把自己的事做好，不要在自己很小的时候就想要通吃、要颠覆、要灭掉谁，这是没有意义的。小公司要学会跟大公司合作，要学会交朋友，在这个产业链跟别人合作，会使自己成功得更快一些。

和别人合作共同创业

1. 朋友不合作，合作不朋友

如果是大街上遇到的两姓旁人，也不会谈到相互合作创业的话题。但凡一起合作，一定有感情上的牵扯，或亲朋好友，或同学战友，或亲朋好友介绍，或同学战友搭线……总之，"千里姻缘一线牵"吧，没有因缘的也合作不到一块去。现在有人在网上招商引资，我看成功的可能性不大，这不太符合中国的国情和人情，没有人牵线搭桥一般的人相互都难信任。但是，一旦合作在一起时，我劝合作的任何一方先不要把对方当作朋友对待，先把对方当作对簿公堂的原告或被告来对待最好。要像在法庭上对付原告或被告那样来讨论双方的合作协议条款，一点情面也不要留，尽量地、挖空心思地找出对对方不利的证据来，然后让对方给予圆满的、一丝不苟的解答。双方解答清楚后，就把这些都写进合作协议的条款之中去，作为双方今后行为准则的依据和"私"法，谁将来违反这部"私"法，要让他损失"惨重"才行。往往大家现在不能做到这一点，或碍于情面，或草率行事，或不懂当今法律，结果大部分人不欢而散，有些还真上了真正的法庭对簿公堂。这叫"先不对簿后对簿"也。

2. 先小人，后小人

我国历来有句俗话叫："先小人，后君子。"意思是说双方凡有金钱方面的合作或交往一定要先把丑话说在前面，以免将来反悔。经我多年实践发现了更加真理的"真理"，就是"先小人，后君子"还是不行，将来反悔的也不少，最好在合作的任何时间内都要做小人，不要做君子，也就是："先小人，后小人。"就是说，在合作的全过程中，合作的任何一方都要要求白纸黑字地立下规矩，如现在正规股份公司的每次董事会会议记录。随时准备做小人，否则就一定最终做不成君子，只有这样把小人做到底，到解散的那一天，合作者们才能仍然坐到一张桌子上喝酒。

3. 要想公平，"打个颠倒"。

既然要合作，大家一定要一个公平。什么叫公平，就是如果你是他，能否接受你给他的条件或利益，这就叫要想公平，"打个颠倒"，这好像是一句西部地区的口头语。如果颠倒之后你都不愿意接受，那么你也不要强求人家接受，这应该是很明白的道理。但是往往大家不愿意这样思考问题，所以必然埋下隐患，待到爆发之日，你原来应该得到的恐怕也不能得到了。还是事先就替人家想想的好，也就是"己所不欲，勿施于人"吧。

4. 回家（董事会）一定实话实说

只要合作者之间要永远保持互相的信任，如果没有信任作为合作的基础，任何合作都难做到底。

5. 自己吃点小亏，让对方占点便宜

世间任何事情没有绝对的公平，对待合作者要让他一些便宜，双方都让一些利益给对方，最终大家都吃不了多少亏，不要任何事情都计较，这是长远大计。

两个人或更多人或更多公司在一起合作，不断地出现新问题新矛盾是正常的事。事情虽然正常但是也要及时地处理，所谓及时处理就是不要积累，积累必成大患，到问题多时就不好理出头来了。事不过夜，哪怕只需要用一句话就可以解决的问题也要把它用白纸黑字写出来，大家签上字，明天以后就照此办理。这就是所谓勤立规矩，规矩不怕多，也不怕琐碎，规矩就是限制，不但对别人，对自己也是一种限制。这样做虽然麻烦，但当出现矛盾时这种处理办法最好。让任何合作者在任何时候都对合作的状况提不出任何疑义来，安能合作不愉快？有些合作的双方或多方，表面上看来你好我好哈哈哈，其实每个人的肚子里都有一本账，之所以问题没有爆发，只不过大家暂时认为没有到爆发的时候而已。一旦爆发时，都难以说清谁对谁错，不得不散伙。

6. 亲兄弟，明算账

亲兄弟都要明算账，更何况外人乎？我们的祖先真是说得好："君子之交淡如水，小人之交甜如蜜。"有朋友给你每年送一张贺年卡，你一定要给人家也回送，如果3年你不回送，你们之间的友谊就告吹了，尽管你们可能每天都见面，不信你就试试？不要用无所谓来安慰自己，无所谓的可能是你，而他有所谓。

7. 没有永远的一致同意

没有最初的一致同意当然也就无法合作，但是在创业的过程中，绝对不可能有永远的一致同意，那么如何处理不同的意见，就是合作的关键。我看实行控股制是唯一的办法，在不能统一意见时，由控股方拍板定案。另外，在合作之初确定好进入和退出的机制，其实所谓的进入和退出机制从道理上大家都理解，但是往往在实际中没有可操作性，所以关键的是要解决进入和退出机制的可操作性。进入好说，无非是有人出人、有钱出钱，大家认可签字画押。复杂的是如何退出。当合作者们在治理和运作企业上存在不可调和的矛盾的时候，最好的是非控股方的退出，理想的当然是由控股方收购非控股方的股份。

8. "打虎亲兄弟，上阵父子兵"，只对打虎、上阵有效

现在我国很多私营企业一般还是家族企业，实行家族管理，管理理论家们和职业经理人们对此种现象提出了大量的批评甚或贬低的看法，说这样将无法将企业做大、不利于企业管理等。理论家们提出的无论是批评还是贬低的意见大多不无道理，但是家族式企业

有家族式企业的起因。在企业的创业阶段，家族式是一种最低成本、最具凝聚力的手段和方式，当一个人在没有资金创业的时候，他非搞家族式企业不可！但是搞家族式企业也必须遵循基本的管理原则，否则将来必成隐患。我国有句俗话说："打虎亲兄弟，上阵父子兵。"这只对打虎和上阵有效，就是说只对会造成亲属的生命威胁的场合有效，而对与亲属产生金钱关系的场合无效。内中的道理大家可以去体会。

9. 没有过不去的难，只有享不完的福

创业起步的时候往往是一个企业发展最困难的时候，在这个时候，创业者们往往能够团结一致，刻苦奋发，没有钱分也没有矛盾。当企业有了一定的发展时，可以说大家都开始有钱赚的时候，矛盾反而越来越多，越来越尖锐了，甚至有人还会跺脚发誓非得把这个企业搞垮不行。等到企业被创业者们自己的力量搞垮的时候，创业者们往往又能反思自己的错误。为了避免有难可以同当，有福不能同享的结果发生，就要把将来如何享福的方案在事先说清楚。

10. 让我永远不欠你的

作为一个投资合作者，在对方已经做到了协议规定的义务和责任之后，不应该再要求对方做更多的贡献，合作者只有责任做合作协议中规定的责任和义务。如果对方做出了超出责任和义务的贡献，就要给予对方利益的补偿，不要拖欠人家，否则将来在权利上可能发生重新分配的需要。

11. 不是一路人，不进一家门

俗话说："秀才遇见兵，有理说不清。"我看这话有道理。还有一句说婚姻的话是："不是一家人，不进一家门。"同样地，合作创业也需要合作者能够门当户对才好，但这不是说一定要你投多少钱他也投多少钱，而是说你的道德品质和个人素质的水平如何，合作方也要具有同样的品质和素质。如果你是谨守诺言，他是背信弃义；你是有福同享，他是唯我独占；你是生物高科技，他是回家多种地；你是雍容大度，他是小肚鸡肠，那将不利于合作和发展。这并不是说有文化的博士就不能和没有文化的私营企业老板合作，有些私营企业的老板，虽然没有多少文化，但他非常尊重文化，非常渴望文化，他知道自己的不足之处，大家取长补短，合作反而更愉快顺利。但是如果没有文化的老板嫉妒文化，虽然知道文化不可或缺，但恨世道不公，最后背后捣鬼，你都没地方告他去。实际上还是一句话，如果合作一定要和具有优良的道德品质和个人修养素质的人合作，这一条很重要。

12. 合作犹如谈恋爱

与人合作犹如谈恋爱，要时刻想着对方，要有说不完的话，要记住对方的生日，对方父母亲的生日，对方孩子的生日，要在对方生病时守在对方的病床前，要每天送一束鲜花……总之，你20岁谈恋爱时如何追求人家姑娘，就如何对待你的合作者就行了。之所以有些人结了婚又离婚，就是因为他们忘了谈恋爱时的表现和那种美妙的感觉。当然，这也适合在一起合作做生意的人们。

【成功赚钱小贴士】

可以用一条标准来衡量一个在商场上闯荡的人：看他曾经的合作者至今还有几个是他的朋友？如果都还是，有点不可能；但如果大部分都已不再是他的朋友，那么你一定不要和他合作。

创业调查是必不可少的

很多创意都是创业者早上醒来时,或在实验室工作时,或在与朋友的闲聊中突发奇想而萌生的。对于技术人才创业而言,犹豫不决很可能错失良机,但仓促上马又很可能造成巨大损失。能不能市场化是技术人才创业成功的关键。

任何产品都有一个共同特性,那就是能满足消费者某种需求。创业者首先应考虑自己的产品是否能满足这一特性。而且应更深入地考虑:这种产品是否具有独一无二的特性;是否有其他产品可以替代,即使有部分替代产品,它的目标是否可以补缺其他产品的空白点;这种产品特性是否能给客户创造价值;这种产品的市场有多大,客户是否足够多,是否足以支撑正常运营?

技术创新,没有市场驱动是不行的。市场就在创新当中,一个企业只有坚持技术创新才能打开市场。任何产品都有其生命周期,需要不断更新换代。作为创业企业,必须打造有利于企业技术创新的运作机制。这一新的机制包括以下方面:

1. 必须有一个具有战略眼光、善管理、会经营、懂技术、团结奋进的团队。

(1) 从参与国际竞争的战略高度出发,制定企业的长期战略发展规划。要制定这样的发展规划,就必须对国内外本行业的现状、发展趋势(特别是市场需求的趋势)、现有竞争对手的产品特点和经营方法、各自的优势和局限性等有充分而深刻的了解;

(2) 具有很强的市场意识,懂得现代化的经营管理;

(3) 团队的团结是十分重要的,必须培养一种真诚、坦率、宽容的团队精神；

（4）不怕挫折和失败，总结经验，吸取教训，百折不挠，勇往直前。

2. 必须让"市场驱动"，而不是"技术驱动"。

（1）必须重视拓展市场策略的研究，强化营销队伍（人员、培训），建立激励机制；

（2）特别要强调的是，在销售产品的全过程中，为客户提供的服务（包括售后服务）是最为重要的，甚至比销售产品本身更重要。

3. 不断推动技术创新，增强企业的竞争力。

（1）建立技术开发梯队，并与大学和研究所合作，保持技术创新的源头永不枯竭；

（2）随着企业的发展，逐步加大对技术创新的人力、才力投入，建立研发中心；

（3）对技术创新有重要贡献的人员，实施重奖。

【成功赚钱小贴士】

技术人才创业最基本的一条，就是要衡量自己的经济实力有多大，是否具备投资领域的相关知识，这就要求创业者在投资前要对自己有个正确的评价。

1. 是否具有厚实的专业知识。投资创业要想在某一行业脱颖而出赚大钱，没有厚实的专业知识等于建造空中楼阁，聪明的创业者应懂得经济学、市场学、营销学、会计学、统计学、心理学等方面的基本知识，了解其基本规律。

2. 是否具有机敏的业务能力。商场如战场，投资创业还得有投身商场的机敏，不抓信息，发财的机遇就可能擦肩而过；不搞公关，不会吆喝，不善于推销自己，等于画地为牢，再香的酒也只好埋名深巷里。

3. 是否具有高超的理财技巧。世界首富盖茨从不乱花一分钱，而我们有些个体公司的老板，讲阔气，摆派头，出手非常之大，公司运转两三个月，银库即告罄。一个称职的老板是很会算账的，公司固然要包装，但没有必要金碧辉煌，要量力而行。

4. 是否有出色的经营能力。创业者要有浓厚的经营兴趣，对经营有兴趣不仅是经营者的先决条件，而且是经营中始终应该具备的素质，兴趣激发工作热忱，而热忱几乎等于成功的一半。

5. 是否善于工作，乐于领导。有人对领导的作用做了这样的描述：当需要拉车的时候，一个好的领导能使大家心往一处想，劲往一处使。

初次投资宜选小项目

初次创业者，由于经验不足，或是资金不足，往往只能选择一些小的、适合自己的项目来做。而文化创意产业是一个靠知识、点子和新鲜创意"起家"的新兴行业，建议初次创业者可以选择此行业，作为创业的起点。

陈蒙，中国传媒大学07届毕业生，所学专业是多媒体/新闻学，擅长影视后期制作，是一个有着远大理想的创业青年。他年龄不大，但经历甚是丰富，曾先后在模特经纪公司、电视台做过设计和影片剪辑。未毕业的时候他就有自己创业的想法，而且很长远，想做一份属于自己的事业，做出自己的品牌来。在校期间，陈蒙就一直在北京电视台实习。

下面我们来帮助陈蒙分析一下：

文化创意产业属新兴行业

文化创意产业是在我国可持续发展观的指导下提出来的，是凭借个人创意、才华和专业技术，通过运用知识产权，创造财富和增加就业机会的新兴行业。通常包括广告、艺术、古董、漫画、设计、影视、软件、音乐、表演艺术、出版和资讯科技服务等行业。文化创业产业不取决于投资规模的大小，而是取决于创意、个性和市场概念，在全球物资、能源日益匮乏的状况下，需要大力发展创意经济，发展文化创意产业是一个增加国民经济总量的良好途径。对于我国建设一个资源节约型、环境友好型的和谐社会也很有帮助。

目前面临好的发展机遇

当前北京市文化创意产业面临良好发展机遇。作为首都城市，北京所承担的文化传播的社会责任，以及国内外市场对中国优秀文化日益增长的消费需求，使北京具有发展文化创意产业的强大动力。再加上国家相关部门出台了一系列优惠政策，鼓励发展文化创意产业，现在的产业形势发生了很大变化，有志于在文化创意产业这个领域内创业的人群将不再依赖传统传播机构，更主要的是依靠自己的点子和新鲜创意，加上自己的技术专长，综合利用网络这个大舞台把自己的作品推广出去，接受文化市场的检验。在文化创意方面的创业空间很大，特别提出要好好利用网络这个平台进行创作和"生产"自己独有的东西。

政策为创业"保驾护航"

文化创意产业已经成为我国政府及社会高度关注与重点扶持的产业，在过去的几年中从中央政府到地方政府都对文化创意产业推出了很多的扶持政策与奖励条件。其中《北京市促进文化创意产业发展的若干政策》中有很重要的一条就是鼓励企事业单位及个体创意人员，利用一切符合文化创意产业生产规律的经营方式和组织形式，发展文化创意产业。另外还鼓励支持文化创意企业的创意研发和产品出口，对其所得税、营业税等予以减免，单位和个人在本市从事文化创意产业技术转让、技术开发业务和与之相关的技术咨询、技术服务取得的收入，免征营业税。《政策》还明确指出，在"十一五"期间，将研究制定文化创意产业知识产权保护和促进办法；建立版权资源信息中心和版权国际交易中心；成立北京市文化创意产业促进中心。对于文化创意企业申请专利的费用，可从市专利申请资助资金中给予支持。

适合创业人群

1. 艺术类大学生。所学专业是和文化创意相关的大学毕业生，刚刚毕业的大学生有想法、有创意、有知识，容易接受新鲜事物，是未来文化创意市场的主力军。

2. 画家、艺术家。北京作为我国的首都城市，引领时尚艺术潮流，汇集着大批的画家、艺术家、艺术爱好者，是目前文化创意市场的中坚力量。

【成功赚钱小贴士】

毕业生是创业人士中积极的群体，很多学生在毕业后便决定勇闯天涯，于是，他们便开始了探索之路。对于初次投资的年轻人来说，机会有很多，但是，一定要投资得有把握。在你还没有经验的时候，最好是能够先有一次实验的机会，所以，小本项目是你最好的选择。

选择合适的融资方式

盛世享受生活，乱世学会生存。金融危机下，越来越多的人有了自己创业投资的打算，而创业首先要考虑的就是资金的问题。理财专家介绍，在常见的个人融资渠道中，应该依据资金需求的时间和成本来选择合适的方式。

目前，市场常见的个人融资方式包括银行抵押贷款、使用信用卡以及保险公司保单质押等渠道，每一种融资方式都有不同的特色，某种条件下能适当满足特定人群的融资需求。由于各个金融机构办理融资的方式不一样，对借款人的条件有不同规定，当借款人出现资金缺口时，并非从每个渠道都能顺利得到资金。这时，就要考量不同融资方式的具体规定，选择最适合的渠道。

第一步：依需选择融资方式

融资前应依据所需资金的数额来选择对应的贷款方式。其中，银行抵押贷款，特别是房屋抵押贷款，能够获得的贷款金额一般最大，最高可以获得房屋评估价格的80%的贷款额；典当行获得的贷款金额次之，如果同样以房屋做抵押，最高可获得房屋评估价格的50%的贷款；保单质押则要由保单的现金价值决定，投保时间越长、现金价值越大，则获得的贷款越高；信用卡的透支额度一般最小，预借现金一般每日累计不得超过2000元，4日累计不得超过5000元。

第二步：比较融资成本

银行抵押贷款现在6个月以下的短期贷款利率是4.86%，5年以上的中长期贷款利率是5.94%；保单质押的贷款利率也按中国人民银行公布的同档次贷款利率执行；用信用卡预借现金，发卡银行将从预借当日起按预借金额计收利息，一般是日息 0.05%，并会收取 1%~3% 的取现费用；而根据规定，典当行的手续费不得超过同期贷款利率 4 倍，也是各种贷款方式中费用最高的一项。

第三步：考虑融资期限

一般银行房产抵押贷款能提供的贷款期限最长，通常在 1 年以上，有的甚至达到 10 年；而在银行办理的各种质押贷款，贷款期限会根据质物的不同及银行的不同而产生差别，从几个月到几年不等。在银行申请贷款的手续相对复杂，需要一定的时间等待。

期限较短的是保单质押和典当行贷款，一般不超过 6 个月。但办理的时间也相对较短。信用卡的免息期最短，只有 50 天，如果按照最低还款额的方式来延长贷款时间，则需要缴纳不菲的利息。但是透支最为方便，可以用来应急。

【成功赚钱小贴士】

当有几种途径可以选择时，一定要考虑融资成本，选择花费小又能满足资金需求的方式，这样才能节省投资成本。

第二章 公司起步后怎样运转

事业是人生的一个过程

当自己的公司建成后,便开始了公司的起步运转,公司的建立过程可以分为三个阶段:准备、运作、经营。

通常创业之初会有一部分人被创业的艰辛打垮,到了创业中期,会有很大一部分人品尝失败的滋味。在这个时候被打垮的人一般信心都会散尽,可是,一次失败就那么重要吗?

事业是人的饭碗,生存靠它、生计靠它,事业能够带给我们财富,同时也是我们人生消磨时间的过程。在很多人的眼里事业是重要的,因为我们每个人都有养家糊口的责任,所以,事业在我们的人生中才会显得那么重要。

事业真的很重要吗?这个没有人会得到答案。因为事业只是在某些人心里很重要,事实证明事业并不是一个人生存的关键,它只是人生中一小段插曲,它所影响的也仅仅是生活质量。但是,我们又无法说事业不重要,事业在人生中起到了催化作用,没有它就没有好生活，也会缺少许多乐趣。

　　小杜本来是在一个大公司做经理，但是，一次客户疏忽害他丢了自己的工作，他只得另谋高就。可是，他在城市里走了好多地方也没有找到自己心仪的工作，小杜觉得他的低谷来了。

　　事业上的失败并没有让小杜灰心，他觉得这只不过是在考验自己，等这低潮期过去，他便可以再回到这个领域大展拳脚。

　　失业后的一年时间，小杜多次找工作，可是都没有结果，在这样的情况下，小杜决定，创业！

　　因为他之前是做代理的，所以，他去了一趟南方，朋友给他推荐了一个内衣品牌，于是，阴错阳差地，小杜做起了内衣。

　　他回到家，将市场分析了一下，便决定贷款开公司，小杜在开起公司的同时也背上了巨额的债务。

　　公司开业不到一个月就出现了问题，这也是许多公司开业初期都会遇到的问题，那就是客户不固定，而且在业内没有口碑。

　　公司的初期是没有口碑的，这也直接影响到了客户，许多客户不敢与新公司合作，因为新就代表着没底。

　　但是客户们不明白，其实无论新旧公司，对于信誉这方面都是一样的。解决方法可以这样：

　　当自己的公司没有口碑的时候，要记得价格一定不能定得比同行业的公司高。你可以这样和客户说："××经理，可能你对我们公司的商品有所质疑，但是任何一件事情都有相对的问题，我们公司是新公司，所以为了与客户长久合作，我们将价格定在了最低点。但是，以这个价位进行合作的话，贵公司肯定是收益最高的，我们公司并不是完全为了赚钱而去营业，其实，我们更想交下的是您这位朋友。"

这些话一说出来，立刻就会让对方觉得亲切，而且，亲切感一建立，继续建立合作关系就不成问题了。还有，要记得在交谈后，加上一句，"期待日后的继续合作"。只要你公司对客户说到做到，那么，客户日后还会源源不断地进来。

【成功赚钱小贴士】

在回答"你对事业的看法"时，65％的人认为"事业只是人生的一部分和过程"，20％的人认为事业是"人生的全部"，15％的人认为"无所谓"。

总的来看，多数富豪一方面承认事业只是"人生的一部分或者过程"，但另一方面还是把自己的金钱和财富看得很重。

事业是存在于人生中的一个过程，它并不奇怪，也不复杂，只要自己努力就一定能够成功。让公司赚大钱不是梦想。

建立集团机制，快速上位

在公司建立后运作问题就会凸显，优秀的领导者知道怎样让公司迅速步入正轨，而失败的领导者通常不知道运作才是一个公司起步时最重要的。

当社会中许多的创业者异军突起，我们也应该明白为什么人家能够成功，而自己的公司却成绩平平。

原因是公司运作的是自己的资金。一个公司的启动资金是多少都不要紧，主要是日后能赚多少。另外，集团公司和控股公司的运作是不一样的，集团化是通往企业帝国路上的一个咽喉要道。我们必须研究一个根本的问题：集团化的主要优势是什么？如果终极答案是战略协同的话，那么战略协同为什么如此困难？

企业集团既有规模性的优势，又具有组织结构上的优势，它保留着单一法人企业内部管理的"权威性"，可以用"看得见的手"进行集团内部的资源配置，把单一法人企业无法避免的、受"看不见的手"所左右的部分所谓"市场公平交易"转移到集团内部来进行，从而避免过多交易费用的支出。这是集团的战略协同优势。

任何集团的战略协同都有两个层面，一个是管控层面，另一个是整合层面。

管控层面：集团总部好比人的中枢神经，发挥战略管控功能，成为所属公司强有力的指挥部，给予所属公司在战略决策方面以正确引导，必要时给它一些实战战术指导；站在全局的战略高度，研究国内外整体市场要素和动向，塑造最具价值的集团整体企业形象、打造最具价值的统一品牌；制定和优化集团总体发展战略；围绕集团战略目标发挥总部的战略协同功能，审议和策划与之相应的各所属公司的发展规划和目标。

整合层面：当好所属公司的后勤部，发挥整合协同功能，要对各项资源进行优化配置，给予所属公司最适合的服务。对集团具全局性的课题和基层中需要总部层面解决的难题，要充分利用总部的优势，整合全集团的一切资源，其中包括人力资源、文化资源、金融资源、信息资源、客户资源等，本着经济、高效、有利的原则，统筹运用协同机制，使资源最大限度地得到应用和共享，以达到减少重复、内耗、低效和浪费的目的。

这样，集团就像一个车轮，所属公司就像车轮的辐条，车轮的整体性和辐条的刚性、柔性有机结合起来，车轮就能更好地前进。总部和所属公司各有其优点，充分发挥各自的优势，各司其职，才能取得整体的发展，集团这个轮子才能更加稳定、快速地前进。

在建立集团的机制设计的同时，相应地塑造集团战略协同文化和提高组织智商，这一点是集团管控成功与否的关键之处。

在中国，伴随着现代企业制度的推行和资本市场的发展，关联企业这种企业之间的联合，已成为现实经济生活中的一种日趋重要的经济现象。

【成功赚钱小贴士】

关联企业是指企业之间为达到特定经济目的通过特定手段而形成的企业之间的联合。这里所谓"特定的经济目的"是指企业之间为了追求更大的规模效益而形成的控制关系或统一安排关系；所谓"特定的手段"是指通过股权，参与或资本渗透、合同机制或其他手段，如人事联锁或表决权协议等方法；"企业之间的联合"则是特指具有独立法人地位的企业之间的联合。如属非独立法人，则谈不上联合。

当公司壮大后，企业的运转也会随之与时俱进，集团的成立也就代表着自己公司的壮大，这样的一个企业能在强大的市场中快速凸显出来。

对于你不看好的事情，要说 NO

很多新创业者对于别人的工作状态并不看好，或者是对于别人的想法并不认同。可是，这样的不认同仅仅是存在于创业者的心里，新创业者很少有正视问题的能力。他们会觉得不好意思开口，或者质疑自己。

两年多以前，一个叫木涟的潮汕女孩承租了广州大学广场的一个商业区。一年多的创业路，木涟的广州××文化发展有限公司在财务、人事管理上碰过壁，也曾遇到招商的尴尬。作为CEO，木涟背负了不少压力。

两年前，她正在与广州某环保投资公司谈一个项目。

"估计一月份能谈成，到时双方将成立一个子公司，由对方出资，共同建设商业区的学生俱乐部。"木涟胜券在握地说，"谈成了，我们就能翻身。毕竟，15年的合约，花一两年来完成格局并不算长。"

但是，谈这场生意的中途，木涟和对方产生了分歧，她不顾别人反对，决定中途退出。后来才发现，其实她当时的决策是正确的，因为这家环保公司所建俱乐部使用的土地是非法土地。

创业的时候，许多人会遇到分歧，有些人会坚定地说不行，而有些人就会觉得对方惹不得。其实，既然自己创业了，就要自己掌管对错的抉择权。

一个公司的领导要有果断评定是非的能力，当一个项目放在自己面前时，首要任务是分析这个项目适不适合自己公司，任何一个公司的运营都是有一定规律的，不论是大事还是小情都在考验领导者的决策能力。

管理的本质在于决策，管理者要做出合理的决策、正确的决策。

当然，也要坚持自己的决策。

做人也要坚持自己的原则，别人见风使舵自己千万不能，创业的时候要相信自己的直觉，并且做出正确的选择，在别人犹豫的时候自己果断，那么，自己就成功了一部分。

另外，不要相信不实之言，作为领导者，你的判断力一定要是最好的，当你接受考验的时候，找到最好的赚钱方式是最重要的，不要将自己的时间浪费在没有必要的地方。只要自己能够成功地让公司站稳，让自己独立，那么，一个企业未来的辉煌将不会遥远。

【成功赚钱小贴士】

很多的场合都是在考验领导者的，一个成熟的领导者知道自己想要什么，所以，他不会随意地迎合别人，对于别人的想法他会独自做出判断，可以就是可以，不行就直接说"NO"。一个人能否成为优秀的领导者在这方面也可以看得出来，成功的人不会犹犹豫豫，他们的大方利落也会给对手造成威慑，所以，想成为成熟的企业家，首要任务是锻炼自己的判断力和勇气。

学着否定自己不看好的事，对待自己不喜欢的坚决说出"NO"！

不要迷恋金钱

金钱可以买来自己想要的东西，但是它并不会直接带来快乐。

我们无法衡量金钱的价值，因为，我们每天都在接触它，每天都在为了金钱拼搏奋斗，它已经成为了我们人生中的一部分。金钱，也逐渐成为了我们的附属品。

请注意，我这里说的是附属品。金钱再贵重，它也不过是身外之物，金钱能够带来衣食无忧，也会带来灾难，看过太多的人为了金钱而放弃尊严甚至是生命。这样做真的值吗？

金钱有着喜欢群居的习性，一位能够懂得其价值的主人，能让一枚金钱带来成千上万的财富。可是，如果过于迷恋金钱的人，金钱会远离他，甚至逃避他。

金钱的问题一直是困扰着人们的问题，没有它不行，有了又会带来麻烦。我们几乎是倾尽一生去赚取金钱，可是，到头来金钱不过是为自己买了一块最终栖息的地方。

金钱在有钱人眼里并不值钱，因为他们觉得生活中还有比金钱贵重一万倍的东西。当自己的事业有所成就的时候，生活的重心便转向了别处，他们眼里金钱的价值也逐渐降低。而那些没有钱的人会将人生的重点放在赚钱上，等到自己有一天成功了，便会发觉在追逐金钱的过程中，自己失去了更多的东西。

一个人即使有很多钱，但他的精神世界如果是空虚的，或者生活并不自由，那么就绝不会有幸福，有时甚至是痛苦的。《红楼梦》里的贾宝玉生长在一个门第显赫、极为富贵的封建官僚家庭里，过着饭来张口、衣来伸手的奢侈生活，按理说他是很幸福的，但事实并非如此。他为封建礼教所禁锢，没有自由，因此，他不幸福。古罗马帝国皇帝尼禄可以说是富甲天下了，但他是否幸福呢？他的富有、尊贵只使得他兽性大发，弑母戮师，甚至荒唐到火烧罗马城，最后众叛亲离，只得自杀。这说明了金钱与幸福之间并不能划等号。

当公司起步后，更加不能迷恋金钱，要知道，金钱乃身外之物，把赚到的金钱留给公司周转，那么自己将会收获更多的钱。如果领导人员在赚了钱后将钱紧紧看住,这样就会使公司的资金周转不灵,或者当大案子来的时候,自己会担心钱被花光。

金钱是用来衡量事物价值的,而自身并没有价值。金钱的贵重与否是产生于人们自己的判断,认为金钱宝贵的人,不会浪费钱,而过于迷恋金钱的人会觉得钱是一切。这样,人生就围绕着钱来过,那么时间久了你会觉得钱越赚越想赚,而这样无止境地赚钱,人生最后的追求就也是钱了。

【成功赚钱小贴士】

金钱是最可怕的,它能够摧毁一个人也能激起一个人的斗志。当公司建立后,金钱会成为这个公司的主命脉,公司万事都会与钱挂钩,这个时候是最考验领导者的。好的领导者只会将自己的金钱当做一个名称,他会运用金钱;可是,有些人会将金钱绑得紧紧的,这样下去公司就会无法周转。

金钱的确重要,可是,金钱也只是一个小的方面,运作周转才是根本。

我们透过金钱的魔力,揭开它那神秘的面纱,就会发现钱不过是一种商品,如果丧失了那种能够交换商品的能力的话,那么纸币不过是一些废纸,金属币也只不过是一堆破铜烂铁。对钱的态度正确、理解得透彻的人是不会为钱所动的。

创业需长远眼光

创业人才是本钱,而什么样的人能称为人才呢?一个企业能否存活下去要看企业最后的发展状况,许多人都觉得自己一定要见利就走，可是，这样的下场往往是"赔了夫人又折兵"。一个人想要挣更多的钱就必须让自己的事业处于永远不败的位置。在某大学举行的创业沙龙上，专家指出——创业，眼光还应放长远！

人一定程度上要有长远的眼光，不能为了眼前的财富，或者因为你学这个专业是为了挣钱，或者是因为某种其他的目的，就开始随便改变自己的专业，就放弃了那个目标。

其实，你要做的还是放长线钓大鱼，眼光不长远只看得到眼前的利益，那么，你会很容易失败不说，未来的前途也会受到影响。

日前，在某大学科技创业园区举行了一场"创业答辩会"，几位正在创业的研究生现身说法，介绍他们的创业经验，并当场接受了专家们对项目的提问，现场就像一场小型的模拟答辩会。

刘楠是某大学计算机学院的在读硕士，虽然学的是计算机，他的创业项目却是"纳米可见光改性晶化二氧化钛光触媒制造"，产品是一种定位于民用市场的空气净化器，目前已有部分样品提供给客户试用了。

在场的每个人都从刘楠身上感受到自信，但专家们还是马上发现了该项目中存在的一些问题。第一，该空气净化器的效果直观性比较差，如果客户只能凭呼吸来感受空气质量是否有所改善的话，正式销售的时候是很难被大众接受的；第二，一些日本和韩国的企业看到空气净化产品的商机，已经有同类产品进入了中国市场，如何在宣传上与他们进行竞争；第三，项目报告里，后期的研发、销售、环保和许多不可预见的费用都没有考虑在内，增加了创业的风险。

面对专家们抛出的一连串的问题，刘楠表示，产品效果的直观性差，他可以向客户提供免费的空气质量测试；宣传战打不过日韩企业，国内生产的成本和价格还是具有优势的。专家们表示，大学生创业除了要有激情，还要准备周全，因为很多困难都是无法预期的，在开公司的时候，一定要将自己的眼光放长远，这样才容易成功。

【成功赚钱小贴士】

凡事看不长远、只考虑眼前而不顾虑将来的人，我们都称之为鼠目寸光。而懂得为长久考虑的人，我们称之为深谋远虑。很简单，眼光放得长远，自然是以长远发展为前提的，而只顾及眼前利益的人往往都是没有远见、容易半路折回的人。

要使企业长远发展，就必须摆正自己的位置，不要为了眼前的利益动容，要仔细分析出到底哪个选择对你最有利，这是一个领导人应有的辨别能力。当两个利益互相冲突的时候，一定要将自己的目光放长远，这样才容易让企业持久延续下去。

你敢在你的团队中"舍财"吗

要创业，你就要先懂得经营策略，一个公司的成长离不开一个强大的团队。许多的创业者创业后就停顿了下来，他们孤军奋战，策略也会坐吃山空。

而有团队的企业却不一样，人多力量大，他们总能将自己的团队力量发挥出来。

一个创业成功的人讲他从1998年底的5万元起家，做到现在的上亿资产，这些对他都不是最得意的事情，他觉得做的最漂亮的两件事情恰恰就是"舍财"。

第一件事情是在创业初期，他带了一个有十几个科研人员的团队，当产品测试阶段，内部矛盾出现了，9个人要闹着离开。作为老总的他那时候是真头疼，他自己对技术还不了解，公司剩下的人的生存还要指望他，账面上也没有多少钱了。

他想了一晚上，第二天，招集9个人开会，对他们讲："大家都是原来一个国营单位出来的同事，一起共事一段也不容易，我很理解你们每个人自我发展的选择。我不强留你们，而且每个人多发一个月工资，大家好合好散，祝你们都能有好的发展。"9个人每人领了6000元钱走了。这时候公司账面上只剩下了3000元。这已经不是小头的概念了，而是零头的概念了。

当时很多人都不理解他为什么这么做，公司留下的员工也很有情绪，他只说了一句"大浪淘沙，留下来的都是金子"。一个月后，9个人离开了公司后在本地成立了一家公司，做的当然就是原来的产品。这时候他会心地笑了，别人更不理解了。他不管，向原单位借了8万元，带着留下来的人苦干了起来。半年后，产品推出，通过良好的市场运作，公司不但赢利了，而且将那离开的9个人成立的公司挤垮了，9个人都背了一笔不小的债。这时候他才向朋友道出他是如何策划导演了这么一出漂亮的戏。他说，这其实也是一次赌博，但值得去赌。

他知道在当时，9个技术核心人员的离开会对公司造成怎样的伤害，在既成现实的情况下，他在设想这9个人的去处，无非是两种情况：一是离开后各奔东西，或被大公司吸纳，或者到外地另谋出路；第二种情况，就是9个人合伙成立一家新公司，继续做原来的产品，跟原公司竞争。对于他来说，他更希望是后一种情况，因为这9个人都是技术出身，没有一个懂经营的，市场运作就更不用说了。而且9个人原来在他手下都是平起平坐的，现在要成立公司，势必要有领导，有下属，这些人他太了解了，没有一个有这种领导才能和领导心胸的，于是将来内部必然会出现矛盾，这样的公司对他无法造成竞争威胁。而要是这些人被一些本地的大公司收编了，那结果就很惨了，大公司的管理和先进的市场运作基础很快就会形成产品占领市场，当时的他是无法与之竞争的。把这一点考虑清楚了，他决定努力促成这9个人成立公司，而他知道以这9个人当时的收入情况，成立公司钱还不够，于是他多发了那些钱，就是为了让他们能够开公司。这一次他赌对了，而这种赌是建立在严密的分析和对人的深刻把握的基础上的。

第二次拿小头的事情是在他创业起步初上轨道的时候，一个几十年的老朋友来投靠他，但这个朋友为人和能力都难以适应他的公司。矛盾产生了，这个朋友到处说他的不是。这一次他没有赌，但同样做了一件旁人当时难以理解的事情。他从自己80万元的资产中拿出50万元给朋友，选了一个项目，帮朋友成立了一家公司让朋友自己去做。而这个朋友得了便宜反倒更张扬了，更是逢人便说他的坏话。

于是他又会心地笑了。他说我知道他的个性是一定会这样做的，我就是要他这样做，因为听的人会从另外一个侧面来看待这件事情。果然，几个月后，他的义名便在本地传开了。于是合作者、政府扶持、高级人才的加盟，使他当年的资产就扩大了好几倍。他说，这一次不是赌，而是算好了的。留30万元是他很清楚这些钱够他把产品从研发到市场化用了。而给对方50万元也是测算好了的，他说少了还不行，最少要够他坚持两年以上的，要不然别人会说他把好项目留给自己、差的给朋友。这一次他又成功了，良好的信誉和外部环境对他的认可使得他的企业迅速地壮大起来，但这些显著的成绩却是扎扎实实做出来的，并没有多少虚的成分。

【成功赚钱小贴士】

公司的核心是人，由人组成了公司，一个公司能否辉煌都在于公司的团队是不是强大。公司本身就是个集团，而集团里还需要另外一些集团，由这些集团所构建的公司就是一个企业。

企业的大小无所谓，主要是影响力和赚钱能力。公司的组成分子都是公司的一个个赚钱精，所以，在选择这些人的时候一定要选精明能干的。你还要学会"舍财"之道，那么，公司的强大就无人可敌了。

不要执迷于赚钱，要学会花钱

你工作是为了什么？赚钱？对，大家工作、创业、开公司都是一个共同的目标，那就是赚钱。钱的来处就是一个公司的赢利，创业后的人都是在为了让公司赚钱和赢利而努力。

公司的赢利是和努力挂钩的，每个领导者都在自己的公司运作上面下功夫，每个人也都在努力赚钱这个目标中跋涉。

赚钱是一个人为了养家、提高生活质量作出的积极努力，会赚钱的人却不一定会花钱，而会花钱的人又不一定会赚钱，赚钱和花钱就是人生的两个极端。很多的创业者凭头脑赚钱，一辈子忙忙碌碌地生活，可是，不知道钱真正的用途。

这里我要说的是理财的重要性，无论是开公司还是一个小型店铺，其实都是在考验人们的理财能力，理财在社会里已经是一个大众化的课题了，谁不会理财也就是不会赚钱。钱怎么花才能花得适当、花得英明呢？

公司的资金周转问题一般来说都是很明显的，当公司处于资金周转不灵时，公司将会出现停滞，而这就是考验一个领导层能否理财的关键。公司是运行在理财中的，所以，当公司进入了正轨，创业者就必须学会理财——怎么花钱才是一个领导真正应该学习的。

保险行业大家应该都了解，像我们的人身保险、车辆保险都是出自保险公司，可是，许多人就要问了，保险公司是靠什么挣钱呢？

首先，保险公司必须得有固定的客户，因为客户是公司的架构，客户支撑一个公司的命运。保险公司首先赚取的是保险费，可是，现在有的保险公司是在进行返还式保险，在客户交完保险费后，过一两年时间，保险公司还会将费用还给客户。

那么，保险公司是依靠什么存活下去的呢？

答案，投资。当客户将钱存入保险公司户头的时候，保险公司就在不同的行业进行投资、贷款。这样，保险公司最终赚取的钱就是来自投资中的利润和贷款中的利息。

保险公司做投资需要花钱，而这种钱必须花得有道理。所以，当赚钱的时候，先知道怎么花钱，也是一种赚钱的方式。

在公司的经营中，都会遇到类似于投资的项目，有些钱确实是要花的，可是要怎么花才能获得更高的收益呢？

先衡量一下物质标准，许多的项目投资大，利益少，但当时看不出来，待断断续续地经营后，发现其实这个项目赚取的钱数少得可怜。那么，这种状况下，投资和收获不成比例，就既浪费了时间又浪费了金钱。

曾经是这个世界上最富有的人之一的亨利·福特认为，钱就是拿来用的——用它来创造更多的工作岗位，用它来给我们创造更舒适的生活，用它来给我们带来更多的乐趣，让我们活得更久、更健康。而这是他能拥有这么多财富的原因所在，这正是他能从有限的生命中获得这么多恩赐的原因所在。

你必须明确一点：自己不是在努力赚钱，而是努力寻找将钱用在最合适的地方的方法。找出你所需要的！留心观察生活中的点点滴滴，带着一颗思考的头脑——我应该怎么改进这件事？这件事还有什么其他新的用途？然后你就需要想办法满足这些需求，只要你找出了满足它们的方法，你就应该自信满满地去做，然后财富就按正确的方法徐徐流淌，同时也源源不断地流入你的口袋，只要你没因为怀疑和恐惧改变了它本来的路线。

在投资的时候要知道，自己的钱到底是多少，周转后还剩下多少，接着把资金的数额和预算挂钩，再把预计收益算出来。那么，基本上，一个公司能否成功建立、日后投资的收益就一目了然了。

【成功赚钱小贴士】

赚钱并不难，难就难在很多人有赚钱的机会，但是不会赚，他们每天忙忙碌碌地赚钱，却发现自己赚回的钱还不如别人打工赚得多。

许多人不明白自己赚钱是为了什么，因为养家糊口早就脱离了现在人的生活，谁还用养呢？其实，大家赚钱只是希望自己的生活会过得更好。

当自己有了钱，不妨学会以钱生钱，用钱去赚钱，你投资的多了，钱自然也就多了。执迷于赚钱的人，一般都会越赚越少，赚着赚着就不知道该怎样赚钱了。而会花钱的人，他们有自己的花钱套路，在花钱的时候，也是在间接地赚钱。

小心观念误导

常常会听到创业者说"我的技术是最好的，我的技术真的是最好的"。但是在创业时不光是技术，还有营销，还有管理。在整个项目里技术含量很重要，但它的地位只是一部分而已，营销和管理也是不可忽视的。

所有权误导

一些创业者，不愿意找有能力的人来共同合作创业。要想有世界级领先的公司，必须有强有力的管理，最基本的一点就是企业的拥有权和管理权一定要分开，要分得清清楚楚。在人的思想中大都有一种"拥有"情结，不懂得合作与分享，针对于创业此乃"大忌"。为什么中关村的企业都做不大？稍微大一点儿了，又要裂变？其根源在于人们的观念。创业团队一定要合力把饼做大。有位创业者就曾深感痛惜地说道："失误在于当初把股份看得太重，该进来的人没有进来，所以企业至今还是一块小饼。"在创业过程中总会出现这样或那样的问题，作为创业者要不断吸取他人的教训和经验，尽量避免创业误区，成功的机会才能更大。

感情误导

很多创业企业是由亲朋好友或同学组建起来的，有的虽一人出资，但起初加盟的都是熟人。由于彼此都十分熟悉了解，因此在创业期常常凭借昔日的感情自觉做事，忽视了必备的契约安排。这种"重感情、轻契约"的工作关系，随着创业企业的成长，矛盾和问题会逐渐暴露出来。比如，很多企业的创业同盟者起初很少提报酬多少或报酬相对较少，可随着企业业绩的增长，一些创业者由于考虑公司的财务还相当紧张，因此认为报酬还不到提高的时候；另一些创业者由于过于守财，则故意默许起初建立在感情基础上的薪酬标准；还有一些创业者提出了遥遥无期的股权分配计划。这一问题不解决，必然成为日后效率低下、分道扬镳的根源之一。

教育背景误导

良好的教育背景带给人信心，帮助人站在较高的起点，但是投入工作以后，社会大学有价值的成绩还要看工作的"结果"。能不能创造工作成果的关键在于创业者是否继续保持学习的心态，而过去学历所造成的差别将会日渐泯灭。日本松下电器的松下幸之助、我国台湾地区塑胶巨子王永庆的正式学历都不超过小学程度，但他们都凭个人的努力创造了超级的事业，你能说学位一定与成就成正比吗？

资本误导

商业圈子里资金缺乏是普遍的现象，银行家少的是几十亿头寸，企业家缺的是几百、几千万项目基金，巷子口的小店也需要借个几千元周转，资金不足并不是创业的绝对障碍，你可以从不需要大量资金的小生意做起，或是把你的创业计划缩小，再不然你还可以把它拆作几个块。总之，你总能找得出办法，先把生意做起来，等最初的生意做成功赚了钱，才设法扩大生意范围，只要你掌握住做生意的原则和足够的运气，最后你还是能够发达起来的。

朗科公司是世界上第一块闪盘——朗科优盘的生产者，公司1999年创立时仅两个人，到2003年时营业额已达近5亿元。创建之初在产品小批量生产后，由于没有实力建销售渠道，朗科只能采用代理的形式。面对"选择什么样的代理商"、"如何激励和支持代理商进而成功组建销售网络"这两个难题上，朗科胜在借"小鱼"养大了自己，也令合作伙伴变成了"大鱼"。

朗科产品刚刚投放市场时，企业实力有限，名气也非常小。在这样的条件下，朗科毅然决定选择规模小的代理商，因为小代理商要价低，甚至不要，而且小代理商往往会把厂家及其产品当个宝，认真对待。于是朗科选择了一批人品好、事业心强，并具有强烈致富和成功追求愿望的小代理商。短短3个月内，朗科就在全国发展了40多家这样的"小鱼"。同时，朗科还不断"灌水养鱼"：广告配合培育市场，产品研发降低价格，全心全意助代理商销售，让"小鱼"获得切实的利益。到2001年，这些"小鱼"即开始为朗科带来了上亿元的销售额，之后销售额更是猛增。

对于初创业的小企业来说，在销售渠道选择上没有"大鱼"型代理商愿意做自己的代理的情况下，完全可以选择"小鱼"型代理商。借"小鱼""养大"自己的步骤，一是"选苗"，二是"助长"。

构想误导

真正好的构想，常常是在不够好的构想上全力以赴奋斗一番以

第二章　公司起步后怎样运转

后才会出现的。难道我们就因为只是一些普通的构想，就停步不前，放弃我们创业的心愿吗？所谓好的构想还须经过市场验证才算得上好，既然我们的知识和经验天天都在增加，我们的创业构想当然也经常需要调整、修正、补充、创新。所以，当其他条件都有眉目的时候，即使我们的创业构想并不显得那么突出，我们仍然可以选择"在相同水平上和人公平竞争"的方式，开始我们的事业。成功的关键在于实践，我们至少得到一个中等的成果，徒然拥有上好的生意，却不用心执行，结果什么也得不到。

【成功赚钱小贴士】

在问题多不胜数的创业中，许多创业人士被误导，无法专注于自己公司的经营。作为一个创业人士，你必须调整好自己的心态，在竞争激烈的创业中，你也必须要有火眼金睛，在你的谨慎和小心中，你会脱离被误导的群体，更重要的是，你因此可以做好你的生意。

营销和销售的统筹计划

人脉的经营着实是一种长期的投资，而绝非当下可以快速累积的资源。至于运用人脉的方法方面，以下的3点仅提供参考：

1. 疏通人脉，厘清资源，建立有效关系网：在平日社交场合应累积多元化的人际关系。如何在人与人的关系中由"见过面——名片交换——认识——熟识——人脉"此一过程的经营，建立起对自己真正有效的人际关系网是最重要的一步。对于没有多少公关经费的我们来说，拨点时间与精力经营此种关系网是绝对必要的。因为当你真正遭遇困难时，救星与解决之道皆蕴藏于其中。

2. 日起有功，涓滴成河，累积信誉影响力：与金融机构或金主间的往来更需一点一滴用心经营！因为一般个人或中小企业主对于与银行间的往来关系经常是采取被动的态度，而这正是其果真有资金需求时才登行求助却遭银行拒绝的重要原因之一。若我们可以通过长线布局、策略规划与主动出击的方式，一方面累积自己与银行的信用与声誉，另一方面也为自己未来的任何可能的资金需求先作布局，届时若真有需求时，你将发现平日的点滴累积还是有其一定影响力的。

3. 全面收集，细心整理，建构强力数据库：对于每一间往来银行的特性、经办人员的脾气个性及喜恶、案件处理的流程及关卡、送件时间的统计及分析等资料；或关于每位可能金主的特性、好恶、风评与申援条件等资料，一定要细心收集整理并分析，并能透过详细的前置作业挑出人脉中资金供给者的罩门所在。

【成功赚钱小贴士】

策略规划，战术运用，潜移默化事竟成。在完成上述数据收集分析及深耕布桩动作后，紧接着就是策略与战术运用的层面了。透过平日绩效的培养、人脉资源的酝酿发酵、创业讯息发布的时间掌控、有力人士的运作影响等多种方式的交差运用与安排下，相信前述的种种活动必定能让你在有资金需求时发挥一定的功效。

你的工作态度是一个公司的灵魂

公司的每个人都有他自己的作用，当一个公司成功地在商海里面站稳脚跟时，许多的人都发挥出了他们自己的能力。

罗马不是一天建成的，公司也一样，每一天公司都在经历着各种各样的考验，对于这样的考验，千万不能掉以轻心。

当你成为一个公司的掌管人，你有无数个下属为你工作，可是这个时候你要记得，这并不是该闲下来的时候，而是该更加努力工作的时候。许多领导者都觉得，当自己的公司建立并且稳固了以后，自己就是该享受的时候了。其实不然，既然你决定要创业了就一定要将自己的工作进行到底，在创业这件事上并不允许你中场休息。

天宇创办自己的公司时是和自己的朋友启东一起，两个好朋友历时一年才让公司步入了正轨，其实，他们的创业速度还是比较快的。天宇和启东向往的生活是不一样的，天宇喜欢优质化的生活，什么都喜欢最好的，可是启东却不一样，他很节俭，不喜欢将钱花在无谓的地方。于是，两个人的生活就开始了转变，公司建立的初期，两个人每天都工作到很晚，并且，对于公司的大小事务都会进行研究讨论。可是，公司稳定了之后，天宇觉得，公司的前景很好，不会再有什么大问题了，于是，就四处游玩去了。

启东劝过天宇许多次，天宇都不听，他觉得，公司有员工在工作就可以了，老板就负责收钱和资金周转，其余的工作都是员工的。

启东却觉得，公司的领导就应该起到带头作用，将自己的重点先移到工作上，真正享受的时候还没到。

当金融风暴悄悄袭来的时候，启东在公司出谋划策，而天宇却在美国度假。等到天宇回国的时候金融风暴已经卷走了公司大部分的营业额，公司庆幸有启东在才没有像其他公司一样倒闭。

公司中多数人开始倾向于启东，年终会上，董事会决定让启东成为公司总裁，两个人的级别差异一下就拉开了。

天宇只得无奈地坐回了总经理的位置，公司中的领导也仿佛就剩下了启东一个。

在启东的带动下，同年公司的营业额暴涨，成为了同行业的佼佼者。

公司的稳定并不代表一个人的成功，也不代表这个人就可以衣食无忧。其实公司是个危险的定时炸弹，每一分钟都会有人因为炸弹而送命。所以，公司需要一种信念，这种信念只有领导可以给，也就是说，只有成功的领导才明白一生追求的是什么！

成熟的领导者知道自己背负的是整个公司的命脉，他们会让自己作为公司的标杆，给公司的同事做领导。公司里并不是任何一个人都能够成为领导者，而成为领导者后又不可能一辈子就衣食无忧。

试着想想，一个公司的领导，自己对于公司都是一副没信心的样子，工作懒散，那么，员工会怎么样呢？他们还会有斗志面对日后的危机吗？

领导一定要具备一种气质，他们能够征服员工，更能够把员工的气势带动起来。当一个领导在自己的岗位上发出光芒的时候，员工也会被一种无形的压力所激励。

【成功赚钱小贴士】

当自己成功了之后，要知道自己依旧是在自己的工作岗位上，既然经营着公司就不能半途而废，当然，你也不会希望自己半途而废。

这样的一个公司里，有你的带动，所有下属都会愿意为你工作，而要是你自己都不努力，那么公司就算成功了，气势也不会有的！

进入管理层不就是为了自己的事业、生活双成功吗？

塑造品牌重内力

近几年，品牌已经成为了各个企业的老总们挂在嘴边频率最高的词语，"超级女声"的成功给"蒙牛"带来了品牌的成功，随即而来的是企业产品的销售额大幅度增长；而与此对应的是一些企业因公关事件处理得不恰当，损害了企业的品牌，随之而来的就是企业的效益滑坡，公众诚信度降低。

于是乎，企业老总们疯狂地抓品牌，认为有了它就有了一切，从刻意的事件营销到媒体的钞票公关，忙得不亦乐乎。可是最终的结果并不如自己想象的那么如意，短时间内可能会有一定的社会反应，但这种反应只是局限在一定的区域和时间范围内，它不能融入到企业的本身文化中，不能与时俱进。

事实上，不管是产品，还是品牌，它都有一个周期，都会经历从诞生期到发展期，再经过成熟期和衰退期一系列的过程。因此，作为企业的领导人，在规划做品牌建设时，要延长发展期和成熟期，从而让企业的品牌更加巩固，赢得更多的忠诚客户，将企业的利润推到最大化。

经常看到企业规划自己的战略决策，从3年规划到5年展望，从市场占有率到利润分析，甚至细致到对竞争对手的每一个举动的应对。至于所说的品牌定义和推广则鲜见，最多在某个章节用不太多的篇幅描述相关的"品牌"行为。

这样的战略规划直接导致了企业在前期的市场行为中忽略了企业的品牌效应，品牌它不仅是一个独立的部分，它与企业的利润，企业的市场环境，企业的内外资源紧密结合，不可分开。

企业在做战略规划时，就应该将企业的品牌塑造与企业宗旨有效地结合起来。在企业达到什么阶段，应该让用户对品牌有什么样的认知，品牌的宣传范围应该有多广；当企业达到下一阶段时，又应该如何将树立品牌与企业的发展相结合。

现在很多企业通过赞助某项活动或举办什么评选，而让品牌在一定的时间里在社会上造就一定的影响，提高企业的销售利润。他们把媒体当作塑造品牌的全部，完全没有考虑到品牌自身所蕴涵的内在品质。

综观中国企业品牌成长历程，大家可以发现，能够成为国内外优秀品牌的企业，是依靠服务、质量、价格起家的，不是那种单纯依靠媒体成长起来的"知了"型企业（请允许我这样自创性地称呼这样的企业，意思就是叫得响，但是事实上却活不了多久）。

媒体是企业展示自己的平台，就像会武功的高手，不一定需要去表现，他的声名武林中早已是尽人皆知了。

【成功赚钱小贴士】

公司有了品牌效应和媒体的推崇，自己的产品就能够获得在市场上推荐的机会，而顾客想要选择一个商品，需要的正是这样一个选择的"菜单"。

公司形象的好坏直接关系着日后的发展，而客户们选择商品的时候也会直接关注公司的品牌影响。每个公司都有一个"招牌菜"，这个"招牌菜"也能够提升你公司的知名度，所以，一个良好的门面也就是给客户提供一个选择的机会。

你手下有多少可以利用的人才

人脉的培养需要一个长期的过程，想一蹴而就是不可能的，只有彼此认同和理解的人，才能在关键时刻向你伸出援手。想建立一个优秀的人脉网，让自己的事业如虎添翼，那就从现在开始吧。

第一，建立自己的人脉数据库。

建立人脉得花点心思，善于运用自己的工具，如名片夹，或者在文档中将人脉的联系方式、生日、特长爱好一一登记，大至领导，小至送水、送复印纸的供货商，你都可以转化成自己的资源，以备不时之需。

第二，储蓄人脉，不要断线。

好不容易认识的人脉，如果不主动地维护，可能会断线。有的人有事时才给人家打电话，开口就是求人帮忙，这样往往引起别人的反感。固然是无事不登三宝殿，但如果平时烧烧香，人家是不是会记得你一些呢？所以你要善于运用一切通讯工具——电话、电子邮件、QQ、MSN，比自己资历高的，就汇报汇报工作、生活；平辈的，东拉西扯聊聊天，人脉就靠千百次聊天维系着，一有需要，动起来毫无愧色。

第三，善于借力。

对于要转行的同事，要不吝请教，他会在走前把自己的客户一并转给你，当然你要对人知恩图报，毕竟你和他的人脉建立联系是下一步的事情；而他对你的评价，才是先于这一切的重点与要点。

第四，内向人士，多用网络。

现在的社会，内向的人比较吃亏。这样的人，建议多使用网络积累人脉。网络能拉平人与人之间性格、地位的差距，只要你的观点有价值，就能引起别人的关注。

第五，做好自己，吸引人脉。

当你的能力越强，你在这个圈子里的知名度与美誉度越高，你的名字的点击率越高，价值越大，别人愿意替你付出的也越大，就不怕没有人脉。

【成功赚钱小贴士】

建立和维持人脉关系，我们需要具备分享的理念，不是分享金钱，而是分享情感，分享关心与爱护，分享喜好与兴趣。我们用分享的精神来吸引别人，用分享来留住别人，在人与人的交流中，我们的关系网自然会建立起来。

不要聘请没有经验的顾问

公司建立后，许多人会选择聘请顾问，也有很多人疏忽大意聘错了人。公司的顾问是一个比较重要的角色，在公司中，他们扮演着出谋划策的角色，他们时时刻刻在公司活跃，当然他们也是公司中必不可少的一个职务。

在公司里，一个顾问是必不可少的，有些人还会聘请更多个顾问，他们一起研讨问题最终做出评定。集体的力量是不可小视的，一个公司如果都是工作者，那么这个公司是不完整的。

很多商圈中精明人都会寻找有经验的顾问，因为顾问的作用有时候也是和公司领导一样的。公司的领导也会出谋划策，可是，他们一般注重最终的决策权，而多数的人在这期待最终决策的时候也是在等待别人给自己提出更好的意见。

我们常常会听说有些人毕业在应聘的时候说，自己可以胜任这份工作，并且自己虽然没有经验可是日后一定会成大器这样的话。其实公司招顾问也会遇到这样的事情，许多的人会觉得他可以试一试，但是，我这里要奉劝大家一句，找顾问的话，没经验的要最先刷掉。

你的公司冒不起这样的风险，所以，在找顾问的时候一定不要找没有经验的人。顾问这个行业并不是可以"试试"的，当公司面临困难的时候也不是试试就能解决的，许多人在试过后就进入了人生低谷。

一个人的用途往往体现在很多方面，当然，我们这里说的顾问并不是还可以兼任保姆那种，而是事业上的顶梁柱。那些没有经验的人也许很有见解，但是，一个公司的生存权利交给他们毕竟太过儿戏。还是培养一段时间再开始自己的工作吧！

顾问的作用是提意见，他们一定要比你懂得多，不然顾问也只是一个摆设。所以，如果你觉得一个新人有前途，那么，最好让他在你的公司实习两年，等他有了经验再重用他，你既不用冒风险，也不用对他怀疑，两年的时间足够看懂一个人。

自古以来，顾问都被扣以聪明智慧的头衔，其实，人本身都是一样的，只是有些人的想法独到，所以他们适合做企业的顾问，而有些人想法平常，所以他们无法胜任此工作，在选择顾问的时候要看他是不是能够实事求是。在招聘这个环节很多人会疏忽，因为，招聘中许多人关注学历，但事实证明，学历高的人不一定就有能力。

【成功赚钱小贴士】

公司的实力是在社会上的稳固地位，公司想要赚钱就必须找准出路，当公司处于有利地位的时候，先要将自己的投资风险降到最低，这一般都是公司顾问的强项，他们最懂得节约成本并且给你支招，或者是打败其他对手。

在这个社会上，事业成功的人很多，但是，幕后的功臣却很少被人提及，如果创业，先为自己找一个顾问吧！

找出你公司的"诸葛亮"

在市场经济中，与其他市场主体相比，公司有以下优点：市场经济是商品经济的社会化和市场化发展到一定程度的必然结果，是市场机制在社会经济的运行中占统治地位、社会资源的配置主要由市场机制进行调节的经济。市场经济要求平等的市场主体按照等价交换的原则，通过公平竞争，从市场取得和向市场提供商品，促进整个市场合理流动，实现结构架置优化、资源合理配置。市场经济的要求决定了市场主体必须拥有明晰界定的财产权，而且必须是独立的、平等的。法人制度以其独特的性质使法人在市场经济中充当了主要的角色。公司作为法人的一种形态，其特质完全符合市场经济的要求，这必然使公司成为市场经济的主体。并且，由于公司自身的优点，使其成为最典型的企业法人，而在市场经济的主体中居于重要地位。

在这样复杂的市场经济中，脑力活动就成为了主体，经济的驱动离不开脑力的劳动，现在文职火热，可是谁又能在这样繁琐的经济中成为你的"诸葛亮"呢？

创业就犹如是一场战争，每一个人都需要一个军师。这样的问题就明显了，到底谁是你企业中的军师呢？一个顾问很重要，那么，他们的话怎么样才算是有价值呢？

在商海里，任何一个人都不可能孤军奋战，很多人将创业的目标定位为赚钱，可是，这钱赚得并不如想象的简单。主观点说，一个企业的成败，还是要看能力，这个能力就要有人与你分担，当公司面临困难的时候，能给你提出意见的人是你的军师，他们在创业初期、中期都有一定的功效。创业初期，他们会告诉你怎么选择项目，他们会帮助你分析项目的好坏难易，更多的是，他们会不求回报地为你工作。

记得一个朋友开公司时，初期还算是顺顺当当的，可是，当公司刚有些起色，问题就来了，公司业务员不少，可是真正能在企业中发挥作用的人却很少。

公司不断面临没有客户的问题，他为此也是忧心忡忡，一个费尽心力建立的公司面对这样的问题，朋友有些束手无策，于是，他就四处求教。

这时，他的表弟来到了他的公司，表弟是经济学硕士，对待公司的日常问题很有一套。来公司的第一天，表弟就叫公司的业务员不拉到一个客户别回来，当天业务就得到了提升。其实他公司的问题就是在于，业务员无人约束，懒散，所以，经常拉不到客户。

这样的状况也使得他的公司不断处于乏力状态。在生意场上既然身为老板就要有老板的样子，自己无法预知的错误一定要听取别人的意见。在表弟进公司的第二个月，公司成为了行业中的吸金强手，表弟不断地提出改进意见，当年收入比其他公司高出 20%。

创业中期，创业者面临的危机就很严重了，每一个问题都是危及企业生存的，这个时候，公司就需要一个英明的"诸葛亮"来为你出谋划策。多数的人会觉得困难难易程度不一样，解决方法也不一样，可是对于会解决的人，这些问题不过是一个小小的麻烦而已。

【成功赚钱小贴士】

你所要找的这些解决问题的人必须有一定的能力，你必须明白以下道理：

你需要的是一个能够为你解决问题的人，这个人必须能够充当你的亲信，但是，又不能是亲人这样的复杂关系。而企业中的领导者一定要有一双慧眼，公司的军师必不可少，可是，有些隐藏的军师是你无法找出的，就像诸葛亮一样，你必须学会三顾茅庐才能将他们成功变成你的军师。这些人一旦投奔于你，那么，你企业的未来就将是一片辉煌。

修炼内力使公司强大

两军对垒，要冲垮敌人的防线，必须选择其防守力量薄弱之地作为突破口，才有可能长驱直入，大获全胜。市场如战场，企业要使自己的产品在对手如林的市场占一席之地，同样需要避实就虚，选准适当的市场突破口。

当年，日本钟表厂为了打入美国钟表市场，对美国市场进行了认真研究，他们了解到，31%的美国人追求优质名表，而46%的消费者则喜欢性能较好而价格适中的表，还有23%的顾客对价格较敏感，对表的品质要求不高，却希望便宜。而美国本地的泰梅克斯等大公司的产品主要满足第一类细分市场，另外两类细分市场却被忽略了。日本钟表商自知不敌泰梅克斯的高档表，于是就选定了中、低档手表市场作为自己的突破口，推出了价廉物美的产品，乘虚攻入了这两类市场，获得了很大的市场份额。待到泰梅克斯醒悟过来，反攻中、低档表市场时，日本人已经站稳了脚跟，大局已定。

市场之大，谁也不能包揽一切，看似饱和的市场同样存在着不少空隙。首先，企业经营者要有灵敏的嗅觉，能于细微之处发现市场需求和消费心理；其次，要对市场经常进行调查研究，对市场了如指掌，关起门来坐在家里是找不到空隙的；再次，对市场的变化要有闪电般的应变能力，正如一位经营者所说："抢占市场贵在神速。"企业一旦选准了市场的突破口，就能先人一步，快速推出新产品占领市场，为企业创造新的效益。

一个公司的兴盛或衰亡都是源于人们自己的创造，别人的公司为什么一帆风顺，这正是我们需要考虑的问题。强大的公司是被业内所争相模仿的，所以，要是想在这个社会中站稳脚跟，还是要发挥出自己公司的独特之处。

你可以去感叹别人公司的强大，可是切记千万不能去羡慕，你要吸收别家公司的优点，但是，又要防止缺点的入侵。这是个考验公司领导人能力的过程，也是一个公司能否成为所有企业领头羊的重要法则。

无论是市场还是企业中，强大公司的领导人知道自己想要的是什么，并且他能用自己的能力使公司在同行中成为独一无二的企业。

【成功赚钱小贴士】

经商是一种最艰苦而又最实用的教育，经商的学习与在所有大专院校、高等学府中的教育相比更难。作为一个商人，如果无法以坚韧不拔的态度把所有的精力全部倾注到事业上，那么他是很难获得出色业绩的。所以，经商是培养卓越人才的重要途径！

在经商这段路途中，每天都会有许多和你公司类似的公司拔地而起，在你关心强大公司的运作时，你同时也要关注怎么样才能无法让人模仿自己，这样，公司的强大就指日可待了。

人际关系是公司起步的基础

现在，有很多人都梦想创业，有自己的公司，因为他们都想摆脱被人管理的痛苦，做个至高无上的老板。

而在一个企业中，什么能带来钱呢？

我们可以分析一下，一个企业中，客户的地位就是企业生存的标准。公司开起来了，也需要妥善处理人际关系。人与人的交往是在互利的基础上成立的，而不是图个人利益。一个企业如果有很强大的后援团，那么，企业的发展是前景广阔的。

沟通是人际关系中最重要的一部分，它是人与人之间传递情感、态度、事实、信念和想法的过程，所以，良好的沟通指的就是一种双向的沟通过程，不是你一个人在发表演说、对牛弹琴，或者是让对方唱独角戏，而是用心去听对方在说什么，去了解对方在想什么，对方有什么感受，并且把自己的想法回馈给对方。

人际关系反映了个人或群体寻求满足其社会需要的心理状态，因此，人际关系的变化与发展决定于双方社会需要满足的程度。人在社会中不是孤立的，人的存在是各种关系发生作用的结果，人正是通过和别人发生作用而发展自己，实现自己的价值。

许多人会问，创业该怎样积累人际关系？真诚是最重要的，只有对对方真诚才能够获得对方的好感。一个公司最重要的东西就是诚信，诚信能够赢得更多的客户。

西频开公司的时候几乎所有人都不同意，因为他只是个刚刚大学毕业的学生，所以不仅是家里人反对，甚至连朋友们也都不赞成。然而西频并没有因为这个而放弃，他对父母讲了自己的创业理念，由于他讲得很有道理，所以，父母也表示了支持。西频觉得做事一定不能半途而废，一旦自己起了创业的头，就一定要努力做成，于是，西频开始了自己的创业之路。

起初的创业很艰难，因为他没有客户，在商圈里，没有客户就等于没有了与人竞争的标准。于是，西频又开始了自己寻找客户的道路。

在创业的第一年，西频基本上没有赚到什么钱，他只是一直跑市场，在年末的时候，西频已经有了一部分客户。第二年，西频制定了一个优惠措施，在客户订自己公司产品的时候，满首批货款就赠第二批货款的 6%，如果推荐其他客户来自己公司订货，那么，就赠这家客户 3% 货款的优惠。这样没多久，西频就获得了一个很强大的客户群体。

光有客户群体也是不行的，西频还常常与客户通电话，了解客户的状况，这样，客户都是以朋友的形式存在，那么，自己的货品也有保障。

3 年后，西频成为了全市三大企业中的一员，他的客户已经遍布全球。

【成功赚钱小贴士】

人际关系就是人们在生产或生活中所建立的一种社会关系，属于社会学的范畴。常指人与人交往关系的总称，也被称为"人际交往"，包括亲属关系、朋友关系、学友（同学）关系、师生关系、雇佣关系、战友关系、同事及领导与被领导关系等。人是社会动物，每个个体均有其独特的思想、背景、态度、个性、行为模式及价值观，然而人际关系对每个人的情绪、生活、工作有很大的影响，甚至对组织气氛、组织沟通、组织运作、组织效率及个人与组织的关系均有极大的影响。如何搞好人际关系也是一门学问。

人际关系狭义地说，是人与人之间，在一段过程中，彼此借由思想、感情、行为所表现的吸引、排拒、合作、竞争、领导、服从等互动的关系；广义地说，亦包含文化制度模式与社会关系。

这里指出的人际关系不仅仅是指公司的客户，也包括同行间的友谊，当然，人际关系早已经成为了公司起步的基础。

学会看客户需要什么

说看客户需要什么,也就是说看这个社会需要什么,无论你是从事什么行业,这个行业的前景如何,都是在看市场的需求。创业者如果拿捏得准确,那么,公司稳赢不败,可是,一旦拿不准,那么,公司的创业进程将会很长一段时间处于空白期。

客户的需要和社会的需要是相同的,做生意能找到一个社会支持的项目也是莫大的幸福。

一块小小的"红薯"发展成一个产业,一个企业把近70万农户带到致富路上,经过技术创新,这种不值几文的传统农产品迅速脱掉"土气",变为广受欢迎的系列方便食品。在绵阳,光友的创业故事在百姓中广为流传。

毕业于西南农业大学的邹光友,1992年"下海",开始从事红薯加工淀粉、粉丝科研生产。经过14年的发展,他创办的光友薯业,从一个资产5000元的小企业变成年销售额1.4亿元的全国农业产业化龙头企业,他也成为全国有名的"粉丝大王"。

起初邹光友推出的仅仅是粉丝,但是市场销售量不大。

于是邹光友又根据客户的需求加以改正,在粉丝中加入了料包,推出了"方便粉丝"。

经过四次重大的技术创新,红薯的价值连连翻番——由黑变白;从粉丝变成方便粉丝;发明无明矾粉丝;推出全薯营养粉丝。注入了科技含量之后,方便粉丝的价格也越卖越高,而红薯的价值提高了好几倍。

【成功赚钱小贴士】

　　学会预测你的客户的需求，意味着当你发现客户喜欢某种服务或某种产品甚于其他时，就要将其放在手边。如果他们不喜欢某个系统或者他们不喜欢你所提供的某个东西，就要听取投诉，并且在你能够解决时首先解决该问题。如果你不能解决的话，则向客户表示同情，并且解释和提供不同的解决办法！如果你想要让客户们回来，就决不要向客户说"没有"。

不能轻言放弃

　　当你的创业遇到困难时，你会选择迎难而上还是放弃？

　　我见过许多创业人士在创业的时候被折磨得精疲力尽，但他们仍旧坚持着自己的梦想，即使自己的生活身心都受到煎熬。

　　如果你是他们，那么你会怎么做呢？我们并不觉得生活给了我们多大的困难，因为我们都还活着。创业就是这样，当你还在创业的时候，事业在拼命地折磨你，在你身心经历煎熬的时候，也许明天一切都会好转，而也许明天一切又都会变糟糕。事业是最考验人的，如果你站在一个平常的位置，那么，困难发生的几率很小；但是，如果你一心想要创业，那么，当你创业的那天你就要知道，你总有一天会遇到创业的困难。

　　我这样说，很多人会害怕，其实你仔细想想，任何的困难都有它的解决办法。如果你想成功，那么你只要坚持下去，你的成功会有80%的希望；如果你主动选择放弃，那么你的成功可能性就为零。

2004年4月,吴子发回到母校,他要搞电子商务。他把自己的想法告诉几个同学,同学们把电脑借给他用,他招来几个师弟做兼职。花了3个月的工夫,吴子发建起一个名叫"168服务网"的电子商务网站。他手头没有钱就找亲友借,用来给师弟们发工资、向电信公司申请域名、租用服务器。

创业需要钱,但钱既不是创业的唯一条件,更不是最重要的条件。可贵的品质、正确的思维方式、良好的人际关系都是可贵的创业资本,这些都比钱重要,都可以成为钱的来源。吴子发凭借良好的同学关系为自己节省了大笔的创业资金:借用同学的电脑,不用花多少钱;让师弟做兼职,比聘请专门的技术人员要省很多钱。如果你身无分文,却有很多真正的朋友,只要心怀野心,你就可以成就大业。

吴子发解决创业资金的办法有两个:一是利用人际关系省钱,这是节流;二是利用人际关系借钱,这是开源。解决创业资金的办法很多,只要下决心创业,你总能找到一种适合自己的办法。

事业是人创造的,不是钱创造的;身无分文,凭自己的想象力、创造力也能创业。一个人的潜力是无穷的,当缺乏创业资金时,记住:你的身上还有一颗价值连城的"宝珠"。这颗"宝珠"就是你的想象力、创造力,就是你的品质,只要致力于发挥自己的创造力,就能得到创业资金。在缺乏创业资金时,很多人习惯于乞求别人的恩赐,这是"怀珠行乞",这样的人必是贫穷的人。对于创业来说,你自己就是最可贵的资本,只要充分发挥自己的潜力,资金问题难不倒你。

【成功赚钱小贴士】

在创业的时候大家都会遇到困难，所以，不要以为老天只是在要你一个人。每个人的困难都是不同的，人们在不断遇到困难的时候也是在接受一个个考验，如果你放弃，那么，你就什么都没有了。

所以，在创业这条路上即使再辛苦，你也要努力坚持下去，因为坚持的背后是希望和成功。

小公司如何变成大企业

到目前为止，小企业一直是居于领先地位的工作机会创造者，同时，企业家精神也一直是居于先导地位的美国经济复苏引擎。随着失业率的增长，我们比以往任何时候都更需要小企业的这种巨大能力。但是，一家小企业能成为"超级企业"吗？能成为像 IBM 和宝洁那种不断进步的大型公司吗？

毋庸置疑，有些小公司确实可以一举跃过高高的障碍物，或者像谷歌公司那样，在不到 10 年的时间里，就从一文不名一跃成为数十亿美元的巨头。尽管能飞得如此之高的企业少之又少，不过，小企业依然可以通过承担战略性的社会责任而获得动力，无论其产品是巧克力块，还是计算机芯片。在"超级企业"候选名单中，就包括波士顿一家拥有 60 名员工、怀有不断发展远大抱负的房地产开发商。这家企业的创始人在其分包的工作、保证供货商的质量以及为房主营造舒适环境的工作中，一直严格恪守"端对端"的责任。他很重视社区服务、"绿色建筑"技术以及工作场所的快乐。他认为，这就是他的公司在数十年来最严重的房地产危机期间依然保持赢利的原因。

这可不是什么理想主义，而是"组织 2.0"（Organization 2.0），是对 21 世纪的经济需求和社会需求的务实反应，它能让任何企业以同样的小规模一揽子计划创造革新、利润、增长以及社会公益。

"超级企业"会将员工团结在目标感之下，从而赢得影响力。对诚实茶公司——一家创建于 1998 年，现已成长为最大瓶装茶生产商——来说，其目标不但嵌入了公司名号，而且也深植于企业的运营模式之中。正如对新一代知识工人的多项研究所表明的，鼓舞人心的目标有助于吸引、激励和留住最优秀的人才。

当以目标、价值观和原则来指导决策时，企业就可以给予人们更多的自治和自我管理了。共同的思想有助于解决争端，也有助于在一场危机中迅速做出反应。同样，在服务类公司中，拥有清晰价值观和原则的员工，也更愿意为团队队员提供支持，更可能超越顾客的期望。梅西百货公司等大型零售企业和威格曼斯等小型食品杂货连锁企业的领导者，经常与一线员工讨论价值观问题。小公司可以更容易将目标和原则的讨论当作每周的例行活动，因为公司人员较少。

"超级企业"与终端用户有着密切的关系，了解他们的需求和问题，感到对他们的成功负有责任。"超级企业"不是躲在公司的围墙后面，认为自己的方法是最好的方法，会设法接近用户，并通过审视用户的背景环境来寻求新的构想。欧姆龙公司——日本一家跨国公司——要求一线销售代表从拜访顾客的过程中寻找新想法。宝洁公司的领导者会经常拜访自己居住地的家庭。创建于 1999 年的互动营销机构 Digitas 公司，从运营伊始便寻求比客户自己更了解客户的业务，以期通过创新更好地为他们服务。

为社区作贡献可以激发创新，因为这需要以拓展性思维解决从用户角度发现的未解决的问题。在 IBM 公司为美国的公立学校提供的无偿法律服务中，为了观察教师的行为，为了在教学现场完善软件，技术开发人员索性驻扎在学校（有时候会住在翻新的门房里）。学校得到了最新也是最出色的技术，而不是"残羹剩菜"，这些技术是投入商用市场之前专为他们开发的。不妨设想一下这样一个循序渐进的过程：首先奉献某些东西，接着因对一项事业作出巨大贡献而得到好评，然后获得一项有利可图的业务。

"超级企业"通过扩展家庭责任而接触到客户，获得影响力。为了承担系统性责任——客户和公众对系统性责任的需求在不断增长，从供应商的供应商，到客户的客户，"超级企业"会在供应链的每个环节都建立伙伴关系——这也是星巴克购买公平贸易咖啡、李维-史特劳斯公司和耐克公司提高其亚洲工厂劳工标准的原因。

合作伙伴能帮助企业发现趋势，能给企业提供有关新能力的预报（在供应端），也能给企业提供市场的新偏好（在市场端）。墨西哥的全球性水泥公司——墨西哥水泥集团，为小规模的独立五金店创造了一个品牌，并给他们提供计算机、培训以及参与社区服务的机会。这些商店得到了生意，墨西哥水泥集团则得到了更好的分销渠道和终端用户信息。伙伴关系网络提供的业务能量比企业单打独斗要大。

在谈交易之前先谈论价值观，"超级企业"可借此赢得客户或伙伴。在欧姆龙公司所在的行业（电子感应器行业），半数销售人员拨打电话都会遭到回绝，然而，当欧姆龙公司的销售人员首次电话拜访客户时，几乎总能达成初步沟通，因为欧姆龙公司首先说到的是自己的原则。欧姆龙公司首先进行有关价值观的长谈，之后，再在市场上"攻城掠地"。同样，阳狮集团会诱惑无法搞定的广告公司加入它的全球网络，因为公司的首席执行官可以就此在谈生意之前与各公司所有者产生共鸣、讨论价值观，并建立密切的社交关系。

【成功赚钱小贴士】

因为在行动中展示价值观，所以，热情参与社会事业效果会更好。IBM公司一位资深国际销售高管说，公司的社区项目是其最好的销售沟通。小公司也可以在这个环节有所作为，那就是贡献才华而不是金钱，同时，用他们的能力给伙伴留下深刻印象。

把自己的规模想象得更大，同时强调自己的价值观，规模更小的公司也能获得商业界的"超级强权"，并进而取得高绩效目标。

最能招财的是自己

创业的时候很多人会选择找人测风水、算财运。其实，这些都是迷信的说法，但是为什么会造成这样的迷信风气呢？

因为人们害怕失败，这是个主要的原因。人们都是在不断地为自己找出路，他们宁愿相信这世界上有财神也不愿意相信一直以来最能招财的人其实是自己。

赚钱需要看人有没有经济头脑，算命算的都是一个虚幻的回答，他们说你能够成功你就会很高兴，如果他们说你成功不了，难道你就要白白放弃吗？

还是找准商机实际一些！

田式美，日本著名的建筑企业家，角荣银行董事长。他是一位白手起家的富翁。

田式美是这样起家的：他寻找那些增值空间较大的楼房，找到这样的房子后，替卖主找买主，他找的买主不是为了自己居住而买房的人，而是那些为了赚钱而倒房的人。找到买主后，他与买主签订协议：假定楼价在两个月内增值一成。如果没能增值一成，田式美为其补够一成；如果超过一成，超过部分归田式美所有。买卖成交后，田式美就又开始寻找新的买主。这种交易让田式美赚到了第一桶金。

对于买主来说，两个月赚一成的利润，比银行存款划算；田式美的信誉度很高，有田式美担保，交易是安全可靠的。因此，田式美不愁没有买主。经过10年的奋斗，田式美成了日本著名的建筑企业家。他说："我相信世界上有'没有资金却能赚大钱的生意'。"

原来，世界上还真有"没有资金却能赚大钱的生意"！

可见，创业拼的还是头脑，这可不是鬼神作怪，而是你自己要对自己日后人生的负责。

【成功赚钱小贴士】

怎样才能做到没有资金赚大钱呢？

第一，构建信誉。一个有信誉的人，才可以得到众人信任，才会拥有众多的合作伙伴，才能得到众人的帮助。凭借自己艰苦奋斗，取得一个又一个的成功，可以提高信誉；在失败后，勇于承担责任，确保他人的利益不受损，也可以提高信誉。信誉是财富之源。

第二，助人就是助己，帮助别人赚钱就是为自己赚钱。如果你没有资金，就殚精竭虑地帮助别人赚到钱，如果你真能帮别人赚到钱，并且总能帮别人赚到钱，你就能得到超值的回报。

第三，学会吃亏，把风险留给自己，把利益留给别人。这样，别人才乐意与你合作。这里所说的风险，是一种表面现象，是他人眼中的风险，其实并没有风险。之所以身无分文却敢承担风险，是因为经过自己审慎的调查研究发现，所谓的风险只是一种假象，实际上根本没有赔钱的可能性。

套牢潜在客户

结合自己的产品特点和优势，仔细选择资料中的客户，挑选出可能适合你的客户群。你的产品特点和优势是你吸引新客户的最大亮点。而新客户愿意与你接触，无外乎几种情况：

一是你的产品是新开发的，客户需要增加这样的新产品，产品本身对客户很有吸引力；二是客户对原来的供应商不满意，而你正好有同类产品可提供；三是客户对产品的需求量增加，原来的供应商无法满足客户对数量的需求，客户本身需要寻求新的供应商；四是你的产品正好是客户在进口的，而你的产品质量与原来客户进口产品相比基本相同或更好，价格上也具有明显的竞争优势。所以，面对几百家甚至几千家进口商，你的选择是非常重要的。千万不要每家都联系一下，希望广种薄收，而事实上一家也深入不下去。同时选择客户一定要客观，千万不要在自己没有足够的条件和实力的情况下去联系超级进口商。生意还是有所谓的"门当户对"的。

联系客户的心态，在一定意义上决定了新客户是否愿意和你深入接触。千万不要给新客户一种急于求成的感觉，不要让客户觉得你的企业必须马上有新的订单才可以生存。生意也是一种姻缘，只有双方都觉得合适的时候才有真正的生意。一定要给新客户这样一种感觉：我们有稳定的销售渠道，但我们的企业是进取和开拓的，与你联系是同时给你我一种新的机会。

联系方法上，尽量采用电话和传真相结合的方式。通过电话，尽量找到这家公司的具体与你的产品相对口的部门的采购经理或具体人员，知道他的名字和他的传真是第一步。如果你发出去的传真上有具体负责这类产品的收件人、你的产品的简要介绍，以及你的产品网址，而采购商对你的产品也有兴趣，那么他一定会回复你的。在以后的联系中，你就可以与具体的人员进行电邮往来了。千万不要采用邮件群发或传真群发的方法联系客户，群发的结果可能就是永远没有回复。目前，国外对垃圾邮件甚至垃圾传真已经相当反感，这也是大多数进口商特别是采购经理，不愿公开电子邮箱地址的重要原因。

【成功赚钱小贴士】

建立专门展示产品的英文网站对联系和开发新客户非常重要，既可以给新客户详尽的产品介绍，又可以避免过早地传递产品带来的昂贵费用。网站中的产品内容越专业、越详尽、越具体越好，甚至最好包括产品的包装、装箱尺寸和毛重、净重的介绍，使客户一目了然。

对于一时没有下订单的新客户，千万不要急于催促，更不要轻易放弃，可以过一定时期给客户传递一些新产品图片。只要你比别人做得好，客户最后都是属于你的。

如何应对通胀

面对当前的经济危机，如何保值成了老百姓最为关心的话题。创业你最害怕什么呢？估计很多人会说是通货膨胀。那么，什么是通货膨胀呢？它是指一个经济体在一段时间内货币数量增速大于实物数量增速，单位货币的购买力下降，于是普遍物价水平上涨。为了防通胀老百姓真是使尽浑身解数，可是创业的通胀也那么好防吗？那么我们来看一下，哪些项目可以减少通货膨胀带来的风险。

钻石恒久远

某珠宝商的广告语可谓一语中的，"钻石恒久远，一颗永流传"——道出了钻石的价值所在。它不仅是一种升值空间大的投资渠道，也是一种极具鉴赏乐趣和品位的生活方式，它是个人资产组合的重要组成部分，这一点在海外的富人圈中十分普遍，而且近年来同样被国内愈来愈多的成功人士、高收入家庭所认同。

期酒投资高回报

根据境外公布的数据，2007年1月至12月，伦敦的红酒指数达到39%的增幅，仅次于石油47%的投资回报，比黄金23%的回报高出许多，而部分波尔多名庄酒的投资回报率高达90%以上。目前，国内已推出将红酒作为投资理财产品的银行。红酒投资的稳定性相对更高，通过葡萄酒相关管理机构以低于市价两成的价格向酒庄收购葡萄酒，可以有效地确保客户的获利空间。

但是，国内葡萄酒行业在期酒交易方面缺乏相应的法规，也没有明确的经营方式，因此投资者在交易过程中只能被动地处在弱势地位。另外，缺少专业的买卖途径和鉴定机构也是国内期酒投资的障碍之一。在信息不对称的交易中，投资者需要谨慎地选择投资产品，并有承担的风险的心理准备。

价值投资艺术品之书画

书画、瓷器、古董、红木家具，甚至老房子都可以作为艺术品进入投资者的视野，这些投资品种既有增值的潜力，又具备很强的观赏性，与投资者在文化休闲方面的志趣更能相通，从而受到各方追捧。不论经济环境发生如何的变化，只要文化还在传承，艺术品的价值就不会被埋没，这也正是投资收藏的目的所在。

价值投资艺术品之古董

2001年，上海敬华拍卖公司的首次拍卖活动中，一款"明永乐青花折枝花卉八方烛台"作为拍卖图录的封面被隆重推出，经过几十轮的激烈竞标，最终以880万元成交。4年后，当此烛台出现在北京翰海拍卖公司的春拍中时，被藏家以2035万元的价格买走。一只烛台，一件古玩艺术品，投资4年后的利润达到了131%。

价值投资艺术品之红木家具

与证券投资一样，投资艺术品也讲价值投资，长期持有。中国古代对艺术品投资也有论断：土地5年涨1倍，古董10年涨6倍。这说明投资艺术品要有回报，不是今天买进，明天就可以赚钱，一般是有一定时间和周期的。

针对以上投资的解释，我们不难看出，现在公司的主要问题是害怕通胀带来自己的钱包缩水，而真正能够应对通胀的法则又显得微乎其微。只要选对了自己的投资项目，通胀无非就是一个小震动，而自己则能在震动中屹立不倒。

【成功赚钱小贴士】

通货膨胀是企业最害怕的一个问题,公司想要赚钱就一定不能让自己的利益缩水,而选择对于通胀来说比较有利的投资,无疑是给自己的公司上了一道保险。

应对通胀光会投资也是不行的,还要维持自己原有企业的发展。越来越多的人将通胀放在企业生存的第一位,他们觉得这是对企业的一个威胁。其实,通货膨胀也并不是那么可怕,只要合理地对自己的公司进行保值投资,那么,自己应对通胀是绝对不成问题的。只要市场需要你,真正帮你赚钱的是你的产品。

小商业市场开发大客户

如何开发新客户呢?这里总结了几点关键经验,对开发客户有普遍的借鉴价值:

1. 充分调查市场,筛选有效客户

要想有效开发客户特别是大客户,必须对区域市场进行详尽的市场调查,做到"三知",即知行情、知敌情、知我情。

知行情,要求对所在区域市场的地理、经济、人文、区划了如指掌,对产品在区域内的整体销售和发展趋势有相对准确的判断,了解区域内在售产品的所有厂家和商家,对销售额和市场份额有大致概念。

知敌情,要求知晓主要竞争品牌核心经销商的江湖地位、销售规模、下线网络、售后资质、操盘能力,以及与我品牌的关系、与竞争品牌的关系、与其他经销商的关系等情况。

知我情，指对我方的产品、政策熟练掌握，对我方在区域内的现状和后期发展有准确认识。

只有做到"三知"，才能根据我方需求，筛选出有效客户重点攻坚。

2. 人员充分沟通，找到关键人物

现在的商业流通领域，真正大客户的老板多居于幕后，很少出面负责直接经营，因此找到能和客户老板接上话、能对客户老板的决策产生重大影响的人，就显得至关重要。在沟通有效客户时，应尽可能多地和客户内部人员沟通，多观察，从他们那里筛选有效信息，找到关键人物。

一般来说，规模不是极大的经销商，其门店店长、财务负责人、工程负责人这类掌握人权、财权或物权的人，一般都和老板有直接关系。

3. 初期合理拜访，感情打动客户

拜访客户时应注意合理的节奏，一般初次拜访沟通以20分钟左右为宜，以宣讲公司产品为主，顺带介绍公司政策，观察对方的反应，决定下次回访时间。第二次拜访的时间以初次拜访后5~15天为宜，具体视第一次拜访情况而定，后续的拜访则根据关系发展而定。值得注意的是，每次拜访都应留下回访的理由，比如送单页、送机壳、送政策或者说改天会再次路过等。

与客户沟通时，主动进攻或主动示弱都不失为好的选择，那些靠感情打动客户赢取大单的例子比比皆是。

4. 多倾听细观察，薄弱点求突破

一个成功的销售人员必须具备洞察力，能够通过现场查看以及人员沟通发现问题，进而找到客户的薄弱点突破。

5. 直观利益导向，沟通步步推进

开发一个新客户特别是大客户，一定要有良好的心态而不能操之过急，要有必胜的信心，也要有抗连续打击的承受力。更多的时候，要有拜见 10 个客户被拒 8 个的心理准备，根据 80/20 原则也总会有两个客户接受你，这一点要自信。

在与客户沟通时，应当注意逐步向客户释放利益，使客户按自己的思路走，这很重要。

【成功赚钱小贴士】

创业人士选择市场的时候都要进行一下系统的调查，有些人会觉得自己的市场很小，由于市场小，那么，客户也会减少。但事实上却并不是这样的，很多人在小市场中获得了很大的收益，也有越来越多的人将收益又投入到市场中，结果成为了小市场中的佼佼者。

企业的收益并不是取决于市场的大小，而是取决于市场的需求，只有找到了客户的需求点，那么，才能在小市场中找到更多的客户。

网络创业的最佳赚钱方法

在今天这个信息高速发展的社会中，很多人开始在网上尝试创业。但是网络创业看起来很容易，而实际上成功的人并不多，到底应该怎么来尝试网络创业，都应该注意哪些问题呢？

网上创业一定要注意的几个细节问题：

1. 发现求购信息

产品的销售不光是对于顾客的吸引,更主要的是要主动积极地去发现客户,就好比现在的网店店主一样,除了对自己的网店进行宣传和产品的宣传外,更主要的是要关注与自己的产品相关联的求购信息。

2. 平等地对待客户

客户是你的上帝,虽然你不一定要将上帝供奉起来,但是你要注意对待每一个客户都要平等,这很关键,不能因为顾客的消费数量的不均就产生负面的情绪,一律平等是一个很好地服务客户和吸引客户的方式。

3. 产品发布的技巧

不同的宣传方式会对成交产生不一样的效果,因此在网上做生意,更主要的是要注意自己的产品发布技巧。橱窗设计和产品图片的放置以及语言的运用等都是非常重要的,不能小视。

4. 信息更新

除了关注别人的求购信息和自己的产品信息之外,还要注意对产品信息的更新。如果你没有能够及时地更新信息,那么很容易让客户找不到你,这也是很关键的一点,只有你对产品的信息进行及时地不间断地更新才能赢得更多的客户。

现年 23 岁的马克·祖克伯格是美国一名牙医的儿子,他也是美国著名社交网站 FACEBOOK 的创建者。

2004 年 2 月,他创建了最早版本的 FACEBOOK 网站,马克和两名舍友向宿舍区的 300 名学生进行推荐。在一个月之内,就有 6000 多名学生到这个网站上进行注册,它的会员数量继续滚雪球一样增加,不过,最初的注册者只限于大学生。

为了让 FACEBOOK 网站"发扬光大",马克决定像微软创始人比尔·盖茨一样中途辍学,专心打造自己的网站。马克离开哈佛大学后,带着两个大学朋友来到美国加利福尼亚硅谷,开始了他的创业生涯。

马克的 FACEBOOK 网站取得了惊人的成功,它一年创造的广告费就高达 2500 万英镑。据悉,此前有大公司表示愿出 10 亿英镑的天价,收购马克的网站和公司,但这一充满诱惑性的收购要求却遭到了马克的拒绝。目前,马克雇佣了 200 名员工为他工作,马克自己也不分昼夜地投入到自己的公司的工作中。

【成功赚钱小贴士】

在今天,这个网络快速发展的时候,网络创业也已经成了一种趋势,但是到底应该怎么来创业似乎有很多人还会感到概念模糊,到底网络创业应该遵守什么原则呢?

网络创业一定要遵守的几个原则:

1. 要做有兴趣的事

网络是一个新兴的事物,而且对于很多人来说,网络只是一种程度上的热爱,而不会是一种创业的方向,何况网络创业的形式还有很多,只有选择自己感兴趣的事情来做才是最主要的,也是能够获得最好发展空间的。

2. 给自己信念

网络尽管会有很多的优势,但是同样也会面临很多的考验,网络创业的人们坚定走下去的信念更低,因为本身投入就少,很容易让人产生动摇和退缩,因此只有给自己信心,不断地坚定信念才能坚持走下去。

3. 从简单的做起

对于没钱人来说创业要选择小本创业，对于初期尝试创业的人来说，要从简单的事情做起，在网络上创业不能贪大求全，而是应该针对某一种自己感兴趣的有专长的东西来进行准备，选择好之后才能顺利发展。

第三章 步入正轨后的潜心修炼

丑闻可以瞬间摧毁一个人，更别说是公司

品牌不是短时间能够累积起来的，它是一个循序渐进的过程。但是目前国内的一些企业家，在做品牌建设时，盲目地认为通过事件的炒作，就可以创造出品牌的效应。在搜索引擎里输入"营销＋事件"的关键词，可以查看到很多关于短时间内品牌从成功的创造到迅速衰退的各种案例。

诚信是衡量一个人的重要标准，在品牌建设中，诚信尤其重要。

品牌标示着企业的信用和形象，是企业最重要的无形资产。在市场经济下，环境每天都在不断地变化，谁拥有了品牌，谁就掌握了竞争的主动权，就能处于市场的领导地位。

在某些企业管理者的眼里，让消费者满意，就能提升自身的品牌价值。的确，这是衡量企业品牌的一个重要因素。但是如何让消费者满意，让消费者能够做品牌的忠诚客户？那答案只有两个字"诚信"！一些企业为了保护品牌，当事情发生时，不敢站出来承担

责任。我们常可以看到某某品牌由于技术原因，召回某年某月某日之前生产出来的产品。这种行为非旦没有造成自身品牌知名度下降，反而提升了社会对该企业的认可。

作为企业，要敢于坚持原则，讲诚信！妥协和沉默留给人们的印象可能是没有原则，缺少原则性的企业最终会没有品牌。

每个公司都拥有自己擅长和不擅长的东西，在品牌营造方面，首先要认准自己的长处和短处，都可以依据自身的特点，打造出自己的核心竞争力。

现在"炒作"这个词非常流行，但是我这里又要唱反调了，不要让公司被丑闻包围，积极的传媒效应是可以的，可是一旦踏进了丑闻的雷区想抽身将会很难。

【成功赚钱小贴士】

品牌是由厂家营造出来，灌输给市场，让市场接受的，但是最终还是要消费者认可品牌。消费者的口味在变，风格在变，因此，企业单纯地依靠一个品牌很难获得长期的发展，从宝洁公司再到可口可乐，可以看出多品牌发展战略的重要性。作为企业厂家，要充分了解消费者的心理需要，把握好他们的消费动机、购买需求、行为分析等，建立起多品牌的战略规划。

但是不管是单品牌还是多品牌营销，都要注意品牌本身的统一，这样才能保持在一致中的个性化，建立起真正的品牌。

当然，营造国际化的品牌不仅仅是以上所列的这些，企业的创新、领导人的魅力、政府的政策等因素都在一定的程度上影响着品牌的推广和发展。但不管如何，利用好企业自身的资源，将企业的品牌观念灌输到企业的每个员工身上，与企业的每个决策结合在一起考虑，结合好企业的内外资源，常此以往，企业的品牌必将走得更久。

强手对战知名度

观察一个品牌在面对市场变化时的适应能力，我们必须要知道一个品牌需要具备一种天生的应变能力，这样才能不停地更新和进化自己。

品牌面对社会经济和竞争，正变得更为灵活多变和反应迅速，许多品牌表现出一种快速反应的能力。

近年，市场的变化使品牌面临三种挑战。

第一种挑战是消费者开始热衷于可持续性产品，这些品牌都能很快对此做出反应。这种趋势在各个行业和品类中都愈演愈烈，尤其是在汽车行业。面对消费者对燃料的效率和温室排放的担忧，混合动力和清洁能源正变成一项积极的市场需求。毫无例外，一些汽车品牌都将在未来两年内拥有属于自己的混合动力产品，然而真正的挑战在于，这些即将诞生的新产品如何在它们既有的产品模式和设计标准上展现新的不同之处。

第二种挑战来自如何帮助消费者掌握最新的科技。比如持续热销的智能手机，随着诺基亚的明显落后，苹果和黑莓推动了市场中消费者对智能手机的加速需求。值得一提的是苹果的 iPad，虽然智能技术已经存在多年，但是能引导消费者，帮助他们掌握并运用最新科技的却是苹果创造的奇迹。

第三种挑战就是强调品牌的竞争性。全球性运动赛事的赞助活动正变得异常活跃，比如 2010 年的加拿大的冬季奥运会、南非的世界杯。阿迪达斯作为足球赛事的主要赞助商获得了 FIFA 的独家赞助权，同时它还赞助了德国以及其他 11 个国家的国家队。与此同时，耐克在它最强势的运动项目上展开各种赞助营销活动，其全球性活动包括一个 3 分钟长的由耐克和 RED 合作推出的，旨在宣传对抗艾滋病的视频，这项活动的影响力在整个足球赛季结束后仍一直延续。

【成功赚钱小贴士】

在强手的对战中，品牌优势是最容易凸显的，为什么现在很多的企业在经营上几近完美，可是现实中却赚得少呢？

其实道理就在于品牌效应做不好，也就是没有知名度，单靠圈子里的人来维持知名度肯定不行，所以，要想加大扩充力就必须打开市场的品牌效应。

打开知名度的方法有很多，例如，广告、推销。可以上门推销走陌生拜访路线，让客户帮忙将企业传播开来，这是最方便而且实用的方法。等自己的品牌在业内有了知名度，客户自然就会源源不断地进来。

这样的领导才是最强大的

任何一个赚到钱的人都证明了自己有经济头脑，人们都是在生活中不断壮大、变强。可是，事业上强大的人并不是开了公司的人，而是会管理的人。

人（也可以指一个企业）一生会有 3 个钱包，可以使用 3 种钱。第一个是现金或资产，这些东西是物化的，可以看得到。比如在银行存了 100 万元，或者有 100 万元的房产、100 万元的股票。第二个钱包是信用，决定着别人口袋里的钱你能支配多少。比如你给某某打电话借 100 万元，结果下午钱就到账了。第三个是心理的钱包。花 100 万元，你觉得挺少的，因为你有 1 亿元；如果你只有 1 万元，花了 9999 元，你会想完蛋了，要破产了。同样一种花钱方式，在不同情境、不同心态下，你对钱多钱少的感觉是不一样的。

实际上，人的一生每天都在算这 3 个钱包。做一个好的企业，是要放大第二个钱包，调整第三个钱包，守住第一个钱包。守住第一个钱包是根本，放大第二个钱包来促进第一个钱包的增长，第三个钱包是调整心理预期和实际的风险控制，不让自己处在高风险的地方，让心理钱包总是保持平衡。如果预期脱离实际，你的心理钱包老不稳定，就会做出急躁的决定。

小宁为了赚钱不得不创业，他自己的创业路其实很坎坷，人生多半时间都是在工作，可也正是这样的工作使小宁拥有了一个坚强的心。在事业逐渐成功后，小宁总结了一个经验，那就是，领导可以什么都不会，但是一定要会管理。

小宁说，起初创业的时候一切都是自己着手，当他发现公司员工的工作越来越少，而自己的越来越多的时候，终于忍无可忍了。

初期，员工们很不适应，甚至有人提出了辞职，可是，小宁并没有因为这个而灰心，他觉得，锻炼出员工主动工作的能力也是一个企业成功的一部分。于是，他开始了对公司员工新一轮的培训。在经过了一个月的培训后，员工们都能够安心工作了，而且，他们的工作热情都有所提高。之后，小宁提出了一个奖励政策，公司员工在自己的工作岗位之外如果能有所作为，那么就将获得公司的奖励。

这个政策提出后，公司员工的工作热情明显就提高了，许多人在为了奖励而努力。小宁在公司中是个严厉的上司，可是，生活中他却是个朴实的朋友，所有公司的同事都喜欢和他交朋友。

而正是因为这种性格，小宁成为了商圈中比较出名的管理者。

我们来看一下钱包是怎么鼓起来的。我算过，人一生赚的钱大概有3个三分之一。第一个三分之一就是我们讲的现金和资产。它是怎么挣来的呢？就是在专业化领域里慢慢积累，贱买贵卖，寻找差价再通过管理使其慢慢增长。赚的量取决于所占市场份额、整个市场的增长情况。第二个三分之一是全国人民给你发的奖金，所以你要做守法公民，等待人民把钱发给你。什么时候发呢？我算过李嘉诚在20世纪90年代港币兑换人民币时赚的奖金：原来人民币4角兑换1元港币，1993年、1994年做了汇率调整，调整到1：1，港币升值了。一个国家或地区的经济腾飞要用二三十年时间，如果你能熬上十五六年，基本上就可以拿到这个奖金。现在人民币开始小幅升值，即便你什么都不干，守着现在的钱包，10年后你的钱也涨了不少。国民财富不断增加，人民币不断升值，第二个三分之一的生意做得安稳，并能够坚持到发奖金的时候。第三个三分之一是世界人民给你发的奖金。如果你有2亿美元的一个公司，符合在美国上市的条件，资本市场会给你的股票定价，以后你把股票卖了就是全世界人民又给你发了一次奖金。像百度，是个新公司，没什么资产，跨过第二个三分之一，直接到世界上拿奖金。

如果一个人一生做得好，这三笔钱都能拿到，就可以变成很有钱的人。条件是你必须遵纪守法，每次奖励都是先要接受考察的，资本市场、法律、道德都在权衡你,最后才把钱发给你。李嘉诚做了几十年生意,卖塑花、做房地产挣了一些钱,港币升值又挣了一笔,通过不断上市挣了第三笔,所以做大了。多数人只能拿到其中的一部分钱,比如开个餐馆,一辈子挣的就那些钱,汇率的变化对他影响也不大;有的人就挣上市的钱,挣了一笔,由于第一个三分之一的基本功不好,没坚持把商业模型做好,上市的时候蒙了一把钱,就被别人揭穿了,最后就麻烦了,企业破产了。

【成功赚钱小贴士】

做一个好的企业是可以挣到这三笔钱的。第一笔钱靠积累,第二笔钱靠耐心,第三笔钱靠智慧。第三笔钱是一定要靠智慧的,企业创造的商业模式在资本市场如果能得到投资人认可,就可以预计出你的回报。

优秀的管理者一定要有领导的才能,一个公司的决策权都是交给领导的,所以,你要是想领导好一个公司,必要的才能还是要掌握的。众多的管理者都是在商圈中摸爬滚打过许多年的,所以,想要领导一个公司肯定不成问题,这是你变强大的主要原因,当然也是你成功的主要原因。

学会选择目标市场

市场细分化之后,存在着众多的子市场,如何在子市场中选出自己的目标市场,主要有以下几种策略。

(1)集中性策略。是指以追求市场利润最大化为目标,创业不是面向整体市场,而是将主要力量放在一个子市场上,为该市场开发具有特色的项目活动，进行广告宣传。这种策略主要适合于小规模企业，成本小，能在短期内取得促销的效果。

（2）无差异策略。是指创业不是针对某个市场，而是面向各个子市场的集合，以一种形式在市场中推展开来。这种策略应配以强有力的促销活动，进行大量的统一的广告宣传，但是活动成本比较大，时间比较长，一般适合于大型企业。

（3）差异性策略。是指面对已细分化的市场创业，从中选择两个以上或多个子市场作为目标市场，分别向每个市场提供有针对性的活动。这种策略配置的促销活动应有分有合，项目在不同的子市场。广告宣传应针对各自的特点有所不同，以调动各个子市场消费者的消费欲望，从而实现实际消费行为。

一个企业背后都有一个市场，市场的大小都是可以扩展的，在这个市场范围中自己的市场一定要坚守。企业联盟当然好，但是一定要知道所有联盟中的企业都在让自己拥有独特的东西。

进入正轨后的公司就已经不像初期时摇摆不定，它们已经开始了稳定的公司营销，在这样的状况下，怎么才能让公司赚更多的钱，或者，永远不败呢？

很多的公司开始赢利之后相对稳定了，销售额却越来越少，其实主要原因还是市场没有找好。当一个货物初到市场时，如果销量不错，那么就奠定了一定的市场地位。有些货物也会逐渐没了销量，在一定范围内，这样的减销量也是正常的。

因为凡事都有新鲜程度，新鲜的东西出来肯定会有一番市场波动，而波动过后，遇到渐冷的市场状况也是正常现象。

所以，企业一定要有让货物起死回生的能力，既然当初能波动，那么日后也一定能有所起色。而你要做的就是成为市场的主导者，在你能力的范围内好好营销自己的公司，等到时机成熟再大肆放货，那么，你的货物就又一次成为了市场的主导。

企业的命脉就是这样，一个企业的好坏都是源于人们努力的程度，所以，公司的核心人物就是公司的财神，那么，只要你自己有那个能力，公司扩展将会不成问题。

【成功赚钱小贴士】

选出目标市场以后，还要依据目标市场的潜力和竞争环境对其进行评估。

（1）市场规模。对创业者来说，市场规模指的是创业者从目标市场所获得的业务量。

（2）发展潜力。一个小规模的目标市场，如果有发展潜力，也是具有吸引力的，成长中的市场是极具魅力的。而那些在如今看来获利较多，好像极有诱惑力的市场很可能正在衰退之中，因此看一个市场要看前景而非仅仅看现在。

（3）服务成本。不同市场中的购买期望值不同，为不同的目标市场服务，成本也就不同。市场的服务成本必须与该市场的购买水平相协调，使得创业者可以有一定的利润。

客户为什么会与你签约

在中国这样一个人才大国中，创业的人不计其数，而行业相似的又多不可计。面对这样的竞争压力，我们能做的并不仅仅是静观其变，而是要从本质出发，做出公司最好的内容。

竞争的压力已经不只是一个公司的销售问题，你怎样将同样的东西创新成市场需求的，这才是你要关心的。

这其中主要的一个环节就是广告，广告是一个公司提升知名度所作出的经营策略，一个新奇的广告也能为公司的产品增色不少。

在销售中，很多领导都在教育员工，一定要学会如何销售自己的产品，也就是怎么卖自己的产品，把自己产品的优势最大化，把自己的产品卖点找出来。可是在销售中，仅有独特的销售说辞就够了吗？

在产品销售中，了解自己产品的优势、卖点、独特的销售说辞等这是对的，但这只是基础，更关键的是在产品销售中，要不只是知道怎么卖产品，还要知道客户为什么要买我们的产品，给客户一个购买的理由这才是最为关键的。我们要花更多的时间去了解客户。

客户之所以选择跟你签约而不是别人，是因为以下10大理由：

1. 形象

在销售中形象是最重要的，尤其是陌生拜访。形象包括很多：你的气质、你的谈吐以及你的服装。我们这里讲的形象主要是指你的外在形象，服装也是有很多讲究的，自己穿得好一点儿，至少有两大好处：

（1）是对客户的尊重，让客户愉悦。

（2）你穿得好一点儿，自己就会很有自信心。

彭氏理论：外在的专业可以弥补内在的不专业，销售是从销售自己开始的，销售自己是从销售你的形象开始的。

2. 态度（诚实善良）

在销售中态度是最为关键的，做销售我们很多时候会受到很多挫折和打击，销售要有一个好的心态，要牢记，生意不在人情在，今天不能合作明天肯定能合作，只是时间区别而已，决定是否合作是由很多因素决定的。

【成功赚钱小贴士】

客户和一个公司签约会从很多方面看起，公司信誉、质量都是客户所关心的内容。你的客户不傻，所以，在谈客户的时候，一定要以诚为本，千万不能胡乱做保证，因为谈客户的时候也是最容易跑客户的时候。

加强团队的合作力量是收纳人才的根本

企业发展靠人才，人才作用在团队。一个人的作用是有限的，只有融入一个有共同目标、有大局意识、有合作精神、有职业操守与专业技能的团队，才能像一滴水融入大海，共同为企业发展做出突出贡献，并创造辉煌人生。正所谓"只有完美的团队，没有完美的个人"。因此，我们必须坚持以人为本，努力打造一支团队，以增强企业活力，促进企业和员工共同发展。

一个创业者是不可能自己一个人成功的，只有将自己放在团队中，只有让自己看到合作伙伴和成员的每个人的优点和长处，然后让他们发挥的话才能发挥更大的效力，尤其要注意团队协作的精神，这样能发挥更大的能量。

下面是安徽绿城公司总经理对加强团队建设的思考，对创业人士极有启发作用。

一支团队是否团结，是决定团队是否具有战斗力的主要因素，而团队的团结与否，主要取决于管理层，尤其是"一把手"和"副手"之间的关系是否和谐。"一把手"和"副手"之间要做到和谐，我感到最重要的是处理好"搭台"和"补台"的关系，"一把手"要为副职们搭好施展才能的舞台，尊重他们的个性和意见；而副手们应当加强执行力，在施展才能的过程中应当为"一把手"补台，修正疏漏，完善决策。要"搭好台"和"补好台"，重要的是要在平时加强沟通和交流，不仅要谈工作，更要交流思想。班子之间的气氛融洽了，管理层的团结就有了根本的保证。

另外是加强中层管理队伍建设。这个层面的人员是公司管理过程中的中坚力量，他们对企业文化、开发理念的认同度以及业务能力和管理水平的高低，直接关系到公司的生存和发展，他们职能发挥得如何，直接影响着公司各项工作能否高效运行，员工队伍能否稳定和内部工作氛围能否和谐。因此，应该要求他们严于律己，时时处处以身作则，做绿城企业文化、理念的传播者；做"真诚、善意、精致、完美"的示范人；做各项工作品质的保证人，做公司各项指令的有效执行人。管理层应经常与员工进行沟通与交流，及时消除隔阂和误解，及时指出问题和不足，让大家明白一个道理："我们在一起是缘分，在一起是来成就事业的，而不是来处关系的。"

团队精神是团队成员为了团队的利益和目标而相互协作、尽心尽力的意愿和作风；是团队成员思想、心态的高度整合；是团队成员行为的高度协调。

打造团队精神，首先要提出团队目标，抓好目标管理，没有目标，团队就失去了方向。因此，建立一个明确的目标并对目标进行分解，同时通过组织讨论、学习，使每一个部门、每一个人都知道本部门或自己所应承担的责任、应该努力的方向，这是团队形成合力、劲往一处使的前提。

几乎一个公司团队中的所有员工都是来自于不同的行业、地区和岗位，有着各自不同的工作经历和背景，如何规范他们的工作行为，使之步调一致是总经理又一项重要工作。绿城集团经过10年探索，已初步建立了一套行之有效的管理制度和规程。衡量一个项目公司管理是否走上正轨的一个重要标志就是制度、规程是否被公司员工了解、熟悉、掌握和执行，是否有监督和保障措施。

让员工熟悉、掌握各类制度、规程，不但是保证工作品质的需要，也是满足公司长远发展和员工快速成长的需要。因此应运用各种形式，加大学习力度实属必要，但更重要的是抓执行力，抓落实兑现，并根据实际情况及时进行修订和完善，使之更加可行。事实证明，没有一套科学完整、切合实际的制度体系，管理工作和员工的行为就不能做到制度化、规范化、程序化，就会出现无序和混乱，就不会产生井然有序、纪律严明的团队。

所有领导都希望自己身边能有一些人才，当然，人才是巩固事业的一个方面。其实自己经营一个公司时，重要的并不是自己有多少才能，重要的是有多少有才能的人在你身边，这就需要一个强大的团队。而一个真正好的团队，又能够吸引更多的人才加入，所以，这样一环套一环，最终，团队成为了吸纳人才的法宝。

作为领导不仅要精心挑选这个团队的成员，还要妥善地将这些成员组合在一起，并不是要他们相互争风，而是要让他们在争风中强大自己。一个公司本身就是一个大团队，所有的成员都是这个团队的一部分，就连领导都是一样，所以，如果想要自己的公司赚钱，治标不治本也是不行的。

公司是个团队，那么，没有新鲜血液的注入就代表这个团队并不成功。团队想要强大就必须有人才的加入，可是企业中能够吸引人才的又是什么呢？

如果，你以为对方会为了钱而来到你的公司，那么，你就错了。作为一个人才，一般都是许多公司一起争抢的。但是，当争他们的多了，他们就不会去关心对方会给他们开什么价钱了，他们所关注的，更大一部分可以说是有没有一个发挥的空间。

而能够提供这个空间的主要原因就是，你公司内部有没有一个能真正辅佐他成功的团队，可见，团队的重要性并不只是培养人才那么简单，更重要的是吸纳人才。

所谓团队精神，简单来说就是大局意识、协作精神和服务精神的集中体现。团队精神要求有统一的奋斗目标或价值观，而且需要信赖，需要适度地引导和协调，需要正确而统一的企业文化理念的传递和灌输。团队精神强调的是组织内部成员间的合作态度，为了一个统一的目标，成员自觉地认同肩负的责任并愿意为此目标共同奉献。团队精神的基础是尊重个人的兴趣和成就，核心是协同合作，最高境界是全体成员的向心力、凝聚力，反映的是个体利益和整体利益的统一，并进而保证组织的高效率运转。

一个好的团队更容易吸引人才的注意，当然人才都喜欢往能发挥自己能力的地方去，所以，加强团队建设就显得尤为重要。

日后公司赚钱也是在人才的基点上才能达到，所以人才和一个好的团队是分不开的。

【成功赚钱小贴士】

因此，要建设一个团队目标就要从以下几个方面入手：
（1）对团队进行摸底。一方面可以让成员参与进来，使他们觉得这是自己的目标，而不是别人的目标；另一方面可以获取成员对目标的认识，即团队目标能为组织作出的贡献，团队成员在未来关注的事情等，通过这些广泛地获取成员对团队目标的相关信息。

（2）对获取的信息进行深入加工。在对团队进行摸底收集到相关信息以后，不要马上就确定团队目标，应就成员提出的各种观点进行思考，留下一个空间——给团队和自己一个机会，回头考虑这些提出的观点，以缓解匆忙决定带来的不利影响。

（3）与团队成员讨论目标表述。树立团队目标与其他目标一样也需要满足 SMART 原则：具体的（Specific）、可以衡量的（Measurable）、可以达到的（Attainable）、具有相关性（Relevant）、具有明确的截止期限（Time-based）。与团队成员讨论目标表述是将其作为一个起点，以成员的参与而形成最终的定稿，以便获得团队成员对目标的承诺。

（4）确定团队目标。通过对团队摸底和讨论，修改团队目标表述内容以反映团队的目标责任感；虽然，很难让百分百的成员都同意目标表述的内容，但求同存异地形成被成员认可的、接受的目标是重要的，这样才能获得成员对团队目标的真实承诺。

不是所有的事情都会成功

失败是创业时常遇到的事情，在创业的时候，很多顽固的创业者会觉得创业是一件能让自己过上好生活的事情，可是，他们并不知道创业也是一件会毁灭自己好生活的事情。

创业中的人们都是在为了好生活而奋斗，可是，创业的风险谁又能够正确地面对呢？人生中并不是所有的事情都会成功，那么，这样的风险你担当得起吗？

你要做的每一件事情，都需要钱。一些创业公司是自己掏钱创办的，如微软。但大多数的公司都需要从投资者那里拿到钱，我认为从投资者那里融资是一件明智的事情。如果你自己出钱，一开始只能是咨询公司，而从咨询公司转到产品公司不是一件容易的事。

从金融上看，一个创业公司就是像大学里选一门课的评分只有过和不过。通过创业开公司致富就是要想办法让公司尽可能地存活下来，而不是要在公司内尽可能多地多占股权。如果你能转让出一些股份让公司生存下来的可能性加大，那么如此做应该是一个明智的选择。

说服投资人看上去是一个神秘而又让人恐惧的过程。实际上这个过程既不神秘也不恐惧，只不过比较繁琐，要花费一些精力。下面我就解释一下这个过程到底是怎么样的。

创业之初，你大概需要几万元来把你的产品原型拿出来，这些钱是开发和其他相关的费用，这个叫做种子资本。因为这基本上不算什么钱，所以筹集起来应该不是什么困难的事情。

如果你的项目真的很好，投资者蜂拥而至，你马上筹到了钱，然后怎么办呢？如何花这些钱呢？答案很简单，那就是：不要花。几乎每一个没有成功的创业公司，没成功的原因都和把钱花光了有关。当然还有更深层次的原因，但这种显而易见的死因是一定要避免的。

如果你全职去创业，最坏的情况也就是创业失败，你又回到原位。为了避免失败，不要对创业赋予必赢的信心。这样的创业不仅不会成功，可能还会因为你过高的期望而落空。只要时刻记住你无论是失败还是成功，你都会回到一个起点就对了。

【成功赚钱小贴士】

贫穷总是一个可怕的字眼，而致富又是一个充满诱惑的词汇，但很多人都不知道该怎么来脱贫致富，其实贫穷并不可怕，可怕的是你无法拥有一种泰然地面对贫穷的心理。只要掌握几种脱贫的心理方法，就可以快速地致富。

方法一：人穷志不穷

当你口袋里没钱的时候不可怕，但如果你的脑袋也贫穷的时候是最可怕的，再加上你的怨天尤人那你就无可救药了，任何一个脱贫的人都是在贫穷中仍然保持乐观的信念，是他们的共通之处。

方法二：面对债务不退缩

债务，是导致许多人坠入贫穷的肇因。如果你在创业，而你又恨贫穷，当你借了很多亲朋的钱被逼债的时候不要愤恨，也不要逃避，正面你的债务，会让你有更多的压力，也有更强的动力。

方法三：在贫穷中修炼

俗话说"穷人的孩子早当家"。贫穷是一种逆境，不但能激励自己奋进，同时也能在奋斗的过程中感受到更多的坎坷，能够在这期间学习到很多宝贵的人生财富，只有学会在贫穷中修炼才能脱贫。

方法四：树立人生目标，开始行动

很多人是思想的强者，却是行动的矮子。这是最可怕的，尤其对于穷人来说，能够树立人生的目标，知道自己想要什么，然后制定出相关的计划去实施，只有行动起来才能见到成效。

方法五：不要浪费时间

通常有这样一种情况，你有时间的时候没有钱，有钱之后没有时间，一个穷人变成富人的过程就是将时间转换成金钱的过程，所以你不要浪费任何一个赚钱的时间。

方法六：选对行业

不管你是在职场中还是在自我创业，选对一个职业或者是行业是很重要的，对路才能适销。一个人创业更是如此，行业的选择很重要。

投资应注意的问题

公司想要赚钱就免不了投资，针对投资来说，首先要看好公司产品的产业链。有的时候公司是工厂的下一个赚钱单位，他们有着直接的联系，而很多创业者就会将公司的投资转向工厂。

投资者应该明白，投资是有风险的。大大小小的风险组成了投资者的恐惧感，比如，一个公司想要投资一个工厂生产自己的产品，作为一个公司的领导就要知道，这个工厂必须要有一定的发展前景才行。而且，你要面对的可能是自己倾尽一切建造的企业，会毁于一旦的风险。

投资需要具备一双慧眼，能够发现赚钱的商机。在公司的发展上，很可能一瞬间公司就沉入谷底，所以，面对投资的风险心态也是非常重要的。

我们都是平常人，自然无力去改变投资的风险，但是我们都有能力将风险降到最低。在投资之前要打探好投资的门路，对于自己从未涉及过的行业要彻底了解一番才行。

向文的毛毯公司在7年前建成，当时的向文只做毛毯生意，他有自己的一个工厂，并且和国外的许多单位都有联系，在这样的一个市场中，向文的起步很快。

　　毛毯的销售通常都是有淡旺季的，冬季的时候毯子的销售量很大，但是夏季毛毯就会滞销。在滞销的这个阶段，公司的收入也会随之停滞。

　　于是，向文就开始想办法，当时朋友给他提的建议就是让他投资一个有产业链的项目来做。这时候他发现拖鞋的鞋面可以用毛毯的边角料，于是，他便投资了一个小型拖鞋制造厂，利用制造毛毯剩下的边角料来做拖鞋。结果这一年，向文公司的收入提高了10%。

　　但是，这还远远不够，向文又打起了家具用品的主意，由于毛毯的吸水性好，只要在下面加上防滑垫就可以变成浴室用垫，另外还可以用做椅垫和装饰。在自己毛毯公司正常经营的状况下，向文又投资了两个小型工厂，他成功利用废物继续生产，给公司带来了很大的收益。

　　在这样的想法启发下，向文又投资了一家家居用品商店。其实，这样的投资风险也是有的，毕竟向文没有做过这个行业，所以他对行业的不了解也造成了公司产品出厂慢的问题。

　　但是，在不断地摸索后，向文终于成功地开始了自己的家居事业。正是向文创业的第7个年头，向文终于站到了家居领军的行列中。

　　投资讲究产业链，投资并不是说投就可以投的，一定要有一个事先的考察。当自己决定投资的时候，先分清产业链，并且清楚需要投资多少和回报多少。这些综合起来，便能够组成一个必定赚钱的投资项目。

　　在正常的投资中，很多领导害怕的并不是赔钱，而是商品没有销路，作为一个公司来说，可以投资的项目有千千万万，但是并不一定每一个项目对于自己的公司来说都是赚钱的。

针对市场来说，投资了一个项目就要找到它的有利市场。市场的范围其实都很广，这都是需要投资人自己去开发的，而有些没有发展的市场自己也应该及时退出，不然不仅会浪费自己的时间，还会使自己的商品在市场中被降低价值，遭到淘汰。

对于自己投资的项目又有什么需要考察的呢？首先，你要明白自己的投资是有一定风险的，所以，你需要知道这个项目过去的发展和目前的前景如何。过去人们赚钱讲究一步一个脚印，现在人们赚钱需要看机遇，机遇也是伴着自己的努力存在的。

另外，投资也讲究创新。对于一个民企老板来说，当自己下定了决心就要坚持下去。而要是一味地遵循着老套路走，自己的企业就会逐渐处于劣势。所以，这个问题的解决方式就是寻找自己产业链的创新。

在中国我们首先应该选择能够长期受益于中国动力的行业，那么，什么是中国动力呢？有很多理论上的看法，第一，跟中国人口的消费不断增长的市场有关的行业，它持续看好；第二，未来中国人收入不断提高之后，投资需求不断增长的有关行业是被看好的；第三，中国持续的城市化；第四，由于全球的制造业转移，服务于全球制造的中国制造业的一些行业也是被非常看好的。

光选好行业也是不行的，还需要选好人力。在公司投资的时候，必须有一群能够帮助自己将项目做强做大的得力助手，而这些人也是需要靠你去发现的。

另外，还有一点就是降低公司的投资成本，这里说的不是必须降到最低，而是尽量压低，当项目的价格低了，利润也就大了。

【成功赚钱小贴士】

想要公司赚钱就得不断扩大自己的生意，一个公司就好比是一个个体，必须有许多小"颗粒"的辅佐它才能够扶摇直上。而投资恰恰能够获得这样的"颗粒"。分支越多成功的希望越大，当然遇到的困难也就越多。有了这些针对问题的解决方法，具体问题具体来分析，相信你的投资一定赚钱。

赚钱点子总汇

绝招一：创业项目以"新"取胜

强手过招，靠什么取胜？靠创意。在快速变迁的时代中，突破过去的框架，掌握新的环境，面对新的课题，迎接新的挑战，才能赢得新的财富。

绝招二："无中生有"开拓销售渠道

销售渠道是小企业创业的命门，对创业企业来说，由于产品和企业的知名度低，很难进入其他企业已经稳定的销售渠道。因此，很多企业都不得不暂时采取高成本、低效益的营销战略，如上门推销，大打商品广告，向批发商和零售商让利，或交给任何愿意经销的企业销售。这种渠道开拓的方式通常是慢功夫，很难使创业企业尝到"开门红"的喜悦滋味。

绝招三：分大企业一杯羹

共生或共栖是自然界中两种都能独立生存的生物以一定的关系生活在一起的现象，可以借喻企业与企业之间优势互补、共同存亡的经营模式。

绝招四：做小池塘中的大鱼

优势不能分享，独享才有利润，利润是企业生存和发展之本。对于小企业来说，如果那些大企业说这个市场前景非常大，将来肯定不得了，那你干脆不要做了。因为一旦被大企业看中的市场，你又怎么可能血拼得了呢？唯一的生存之道就是独辟蹊径，开创自己的独有市场。

绝招五：学会做"第二名"

会做"第二名"并非真的是甘居人后，而是可以从做"第二名"中尝到更多的甜头，从而使自己的创业在一开始就可以借"蹭车"获得利润。

绝招六：懂得渠道优先

渠道即血管，抢在别人前面把血运送到需求者的眼前，就是胜利。渠道同样是个重要的传播过程。

绝招七：创意制胜

努力开发你的创造力，围绕你的事业让思维不受拘束地展开联想。经营最可靠的是创意，一个好点子、好创意往往能使你的经营之路柳暗花明，财富属于那些具有创意而又能把新观念付诸于行动的人！

【成功赚钱小贴士】

想要自己公司赚钱，那么光有赚钱的决心可不行。赚钱需要有一个系统的归划，你必须知道自己怎样才能赚钱，并且，你赚的钱又都来源于何处。

赚钱的点子其实每个人心里都有许多，有些人是苦于自己不敢实行，而有些人的问题是无法确定哪个点子才能够赚钱。你不妨自己多动动脑筋，计算一下成功比例，在自己成功制胜的时候也别忘记多想想下一个点子。

商机如何变钱

商机无论大小，从经济意义上讲一定是能由此产生利润的机会。商机表现为需求的产生与满足的方式在时间、地点、成本、数量、对象上的不平衡状态。旧的商机消失后，新的商机又会出现。没有商机，就不会有"交易"活动。商机无论大小，从经济意义上讲一定是能由此产生利润的机会。

目前，我们能认识的商机大致可归结为13种：

1. 短缺商机。物以稀为贵。短缺是牟利第一动因，空气不短缺，可在高原或在密封空间里，空气也会是商机。一切有用而短缺的东西都可以是商机，如高技术、真情、真品、知识等。

2. 时间商机。远水解不了近渴。在需求表现为时间短缺时，时间就是商机。飞机比火车快，激素虽不治病却能延缓生命，它们都有商机存在。

3. 价格与成本商机。水往低处流，"货"往高价上卖。在需求的满足上，能用更低成本满足时，低价替代物的出现也是商机，如国货或国产软件。

4. 方便性商机。江山易改，懒性难移。花钱买个方便，所以"超市"与"小店"并存。手机比电话贵，可实时性好，所以手机是好商机。

5. 通用需求商机。周而复始，永续不完。人们的生存需求如吃、穿、住、行每天都在继续，有人的地方，就有这种商机。

6. 价值发现性商机。天生某物必有用。一旦司空见惯的东西出现了新用途定是身价大增。

7. 中间性商机。螳螂捕蝉，黄雀在后。人们总是急功近利，盯住最终端，不择手段。比如挖金矿时，不会计较卖"水"的价格，结果黄金没挖着，肥了卖水的。

8. 基础性商机。引起所有商机的商机。对长期的投资者来说，这是重要的。如社会制度、基础建设、商业规则等，中国在加入WTO之后的5年内，重排出一系列商机。

9. 战略商机。未来一段时间必然出现的重大商机。时间倒流，20年前，中国人面临着这种商机，现在很多成功人士就是主动"下岗"，利用了这个商机。

10. 关联性商机。一荣俱荣，一损俱损，由需求的互补性、继承性、选择性决定。可以看到地区间、行业间、商品间的关联商机情况。

11. 系统性商机。发源于某一独立价值链上的纵向商机。如电信繁荣，IT需求旺盛，IT厂商赢利，众多配套商增加，增值服务商出现，电信消费大众化。

12. 文化与习惯性商机。由生活方式决定的一些商机。比如，各种节日用品、生活与"朝拜"的道具。

13. 回归性商机。人们远离过去追随的时尚一段时期之后，过去的东西又成为"短缺"物，回归心理必然出现。至于多久回归，看商家的理解了。

【成功赚钱小贴士】

掌握商机就能够把握一个公司的脉搏，商机无限的公司一般不会出现很大的危机，相反，没有商机的公司很快就会进入干涸，最终走向死亡。

无论是系统性商机，还是关联性商机，最终的目的都是赚钱。商机到来的时间如果对了，那么一个公司也会因此起死回生，可见，商机的重要性完全能够与公司存亡相提并论。

直达成功的法则

直达成功是很多人的梦想，因此彩票事业也发展得如火如荼，但通常500万元的大奖也都只是一个梦想，要想发财致富还是要通过自己的努力和头脑来赚取的。

方法一：年轻人具有不怕淘汰的专业能力

现在的社会技能型的人才是很紧俏的，如果你有精通的专业技能的话，那么回到职场，你的财富就在眼前了。尽管你可能不会坐拥一辈子，但绝对能吃喝不愁，因为你年轻，所以要在职场中多磨炼，让自己有足够的抗衡力，当你有资本的时候再进行创业，你会发现道路很平坦。

方法二：不要因为工作丢了理想

对于刚毕业的大学生来说，总是徘徊在先就业还是择业的问题上，找到的工作似乎并不是自己的兴趣所在，而在长年的工作中往往又会丢了兴趣，这都是比较极端的。一定要巧妙地平衡这个关系，将人生目标与职场结合，工作和理想兼顾。

方法三：学会网络赚钱

网络已经成了人们生活和工作中的重要组成部分，网购事业也发展得很迅速，作为有眼光的人一定要学会在网络上赚钱。虽然不一定要专职网络创业，但要相信，副业有时候甚至比主业更能赚钱，多关注一下网络商机和代理商机吧。

方法四：寻找有价值的投资商机

股票、债券、基金等的各种投资方式曾经一时间火暴，虽然现在处于动荡之中，但曾经有很多人都在这里致富。时机的把握是关键，投资到最有前景的行业，无论是自己做老板还是投资别人，都会有可观的收益。

太多人希望自己成功了，可是成功却在我们的眼里是那么地不切实际，虽然很多人有过成功的经历，但是，在社会上，成功还是不被人们所看好。

很多人说创业要稳扎稳打，其实，创业有时候也需要一股冲动劲。在一个案子上犹豫不决可不行，太过于谨慎的人也很难成为创业的主力军。

【成功赚钱小贴士】

想要直达成功就要先走出误区，在创业项目不错的时候，你绝对不能犹豫，这就需要你自己的判断力和控制力。

在选好项目的时候要抓紧投资，用自己的双手创造财富。这样才能够直达成功，或者说用最快的速度建造起自己的一份事业。

不要把金钱穿在外表上

一个人有没有钱你从什么地方能够看出来？

很多人会说，外表。从一个人穿的怎么样能够知道这个人是否有钱。可是，将有没有钱表现出来到底是对还是错呢？

金钱的性质是能够换取自己所需要的物品，可是，金钱也能够带来一些麻烦。将金钱暴露在外无疑是一件违背安全准则的事情，可是将金钱浪费掉就是一个人违背了当初的创业准则。

我们都希望将名牌穿在身上，然后接受别人羡慕的眼光。其实，这并不是你高贵的象征，更多的是对自己身份的讽刺。

一个公司的老板一定要有理财头脑，对于事情要有自己独特的看法。金钱并不单单只是衡量物质价值的一个名词，它自身也是一个物质，当物质与物质兑换后，物质就成了金钱。

而将金钱穿在身上，无疑是对自己身份的一个炫耀，这带来的并不是别人的尊重，而是对你公司的一个怀疑。公司是需要不断扩展的，自然离不开金钱的推动，企业中的老板需要做的是整理这笔钱，而并不是花掉这笔钱。

金钱有它自身的价值，人们可以通过交换获取所需，但是有的人无法让自己的金钱得到更好的利用。

杜先生喜欢收集名牌外套，几乎全球限量版的外套他都有，他喜欢每天都穿新衣服，也爱上了这样的感觉，就好像全世界人都注视着自己，让他觉得自己很有品位。

杜先生有自己的公司，公司的收入相对来说比较稳定。很多人都羡慕杜先生的生活和事业，但也有些人会说他这是在炫耀。起初，杜先生还并不介意这样的说法，但是时间久了，杜先生觉得这是在某种程度上污蔑自己。

公司的一次投资中，需要很大一笔钱周转，当时杜先生找了很多开公司的朋友，对方的意思都是觉得杜先生平时出手大方，而这样的小钱不出一定没有道理。无论杜先生怎么解释，结果都是无功而返。最后杜先生只得变卖了他那些珍贵的"限量品",而价格都已经贬为三折。

之后的杜先生戒掉了自己爱挥霍的毛病,他也试过穿街边10元一件的T恤走进会议室,而他节约管理的作风也得到了业内的认可。

杜先生对金钱有了新的认识,他觉得金钱能够衡量一个人的财力,而把金钱全部穿在身上,自己的财力就会成为别人嘲讽的目标。

谁都知道金钱宝贵,但是,在自己用金钱来寻找幸福的时候,很多人就已经开始在浪费幸福了。你必须知道还有很多人比你有钱,而你只是比一部分人有钱而已。这样你便能获得真正的成功了。

【成功赚钱小贴士】

创业的起点是自己的理念,在创业中很多问题反映了一个人能否成为成功的企业家,对于外表,你当然是要注重,可是,你却不能将金钱都浪费在外表上,只要你不觉得自己是个有钱人,那么,你就绝对成不了穷人。

在金钱的问题上,我相信很多人的想法是和我一样的,平时,金钱是能起到一定的应急作用,那么,当自己创业开始后,金钱就是创业的周转资金,启动资金又决定着一个人的事业最终能否成功,于是,金钱就显得至关重要。

那么,这样重要的东西,怎么可以浪费呢?

商业机密就一定要让它成为秘密

在公司中,商业机密是指不为公众所熟悉的,并且能为公司带来经济利益，而且具有一定实用性并且需要公司领导采取保密措施的技术信息和经营信息。

它包括了任何形式与种类的金融、商业、科学、技术、经济或工程方面的资讯，其中包括专利权、计划书、出版物、程序设计、配方、密码等。它可能是有形的或无形的资讯，可以由多种设备或文档或经验组成，或其储存及收集的方式均可以被视为商业机密。

商业机密存在于创业人士的主观定义而并非实际的元素组合，也并非所有的组合元素都需要保密。

商业保密法实质上提供了与排他性权利（例如专利权和著作权）保护法不同的保护，它的主要保护范围在于保护商业机密，反间谍行为和反不公平竞争行为。

作为商业机密的两个重要前提是：第一，必须证明资讯所有人已经提交保密申请并该信息具有商业价值或潜在的商业价值；第二，申请者已经采取适当的防护措施来防止信息的泄露、收购和未经同意的使用。

不同的国际组织对商业机密的定义也不相同，例如 TRIPS 协议《与贸易有关的知识产权（包括假冒商品贸易）协议（草案）》的简称）对其定义为：a) 非实体或装置的配置和组装部件，通常理解为在一定环境下可能容易理解的处理一定问题的信息；b) 具有商业价值；c) 有合理的预防措施来保障在合法情况下对其信息的保护。

商业秘密具有以下 4 个基本特征：

1. 秘密性。商业秘密首先必须是处于秘密状态的信息，不可能从公开的渠道所获悉。《关于禁止侵犯商业秘密行为的若干规定》中规定："不为公众所知悉，是指该信息是不能从公开渠道直接获取的。"即不为所有者或所有者允许知悉范围以外的其他人所知悉，不为同行业或者该信息应用领域的人所普遍知悉。

2. 实用性。商业秘密与其他理论成果的根本区别就在于，商业秘密具有现实或潜在的实用价值。商业秘密必须是一种现在或者将来能够应用于生产经营或者对生产经验有用的具体的技术方案和经营策略。不能直接或间接使用于生产经营活动的信息，不具有实用性，不属于商业秘密。

3. 保密性。即权利人采取保密措施，包括订立保密协议，建立保密制度及采取其他合理的保密手段。只有当权利人采取了能够明示其保密意图的措施，才能成为法律意义上的商业秘密。

4. 价值性。是指该商业秘密自身所蕴含的经济价值和市场竞争价值，并能实现权利人经济利益的目的。

上述4个特征，是商业秘密缺一不可的构成要件。只有同时具备4个特征的技术信息和经营信息，才属于商业秘密。

我们已经进入知识经济时代，知识已经成为人们用来经营的对象，商业机密已经在很大程度上决定着企业的兴衰成败，是经营者的重要武器和财产。

商业秘密是知识产权保护的独立手段。商业机密是一种竞争手段，可以合法利用，居心险恶者也可以用来置对方于死地。商业机密法既保护创意又保护表达该创意所采用的具体形式。商业机密法所涉及的权利是一种禁止他人使用该信息的权利，而版权法则授予版权所有者禁止他人复制自己的作品的权利。

商业机密要获得保护首先必须要具有秘密性，而且当将其透露给第三人时必须要求第三人遵守保守秘密的义务。但是，雇员在雇佣过程中所了解到的，已经成为他的一般技能的，与客户、价格、商业方法相关的信息，不属于必须保密的范畴。而且，当雇员擅自使用雇主的商业机密时，法庭将会对其进行干预。商业机密是指雇主的某些私有的财产，例如某种秘密的生产方式。

对于商业机密来说，其实很大的程度上，它都是人们不能谈论的，作为一个企业的领导，就更加应该对自己的商业机密保密，一旦将自己公司的机密拿到市面上来谈论，那么，也就给对手造成了巨大的可乘空间。

【成功赚钱小贴士】

很多公司的创办者都会觉得自己公司的创办经历很值得炫耀，无论是在场面上，还是在私下，他们都习惯性地讲出自己的赚钱经历，甚至是如何赚钱的，也会有些人有意无意地说出自己的客户名字。

这些就是在暴露自己的商业机密，一旦对方有心地记住了你说的话，那么，对方就会对你造成威胁。

商业机密首先只有你自己知道，只有你自己去保密，将它变成一个真正的秘密，你才能够获得长久的安全。

提高企业智商

在竞争激烈的创业领域里，企业要想获得成功，必须拥有独特的资源或者优势。想要获得这样的优势，企业就必须要培养自己的企业智商。下面就来探讨一下企业如何去获得企业智商。

人们总是在说谁比谁聪明，通常体现在某个人的业绩比较优秀，思维比较敏捷等方面，虽然这仍然存在主观臆断，但却提出了一个智商的概念，即人们说的IQ。在这方面，人们往往只将这种对比停留在个人的层面，那么对于一个企业来说，虽然企业也存在业绩和赢利能力的区别，但一般人们不认为存在这个企业比另外一个企业聪明，也就是并不认为企业是存在智商高低之分的。如果有人这么认为的话，也只认为企业的领导者和员工的执行能力更为优秀。其实通过分析，我们可以认识到，企业不仅存在智商，而且其智商甚至决定了企业的优秀程度，正如英国前首相丘吉尔所说的："精神财富决定未来财富。"

企业智商就是指某个商业组织通过不断地学习和实践，全体员工所共同拥有的整体的、有机的、具有组织特色的理论知识、思维模式和运营经验与能力。

从这个定义我们可以看出企业智商的内涵，企业智商包括3个方面：

一是理论知识。这里的理论知识除了普遍性的企业管理、人力资源培养、市场营销以及宏观商业政策等理论之外，还包括企业所在的行业专业知识和行业趋势等。另外，理论知识包括企业各个环节的业务知识，如产品研发、市场开发、行政事务处理、市场推广、产品销售等方面，因为除了普遍理论知识外，每个行业和每个组织的自有理论都具有一定区别。

二是思维模式。这点比较抽象，但是却是企业智商中非常重要的一个内涵，因为对于一个商业组织来说，思维模式决定了其运营模式，从而也决定了其营利模式。为什么有的企业实行差异化，而一些企业则在同质化中力求成本领先呢？这两种企业都可能获得成功，这表现为战略问题，但其本质却是受企业的思维模式所影响。

三是运营经验与能力。人们往往认为智商只体现为理论和思维，其实对于一个企业来说，理论和思维不能直接获利，只有通过适当的操作才能化战略为战术，并在市场中经过考验而获得结果。这点也包括3个方面，首先是研发，其次是公司内部业务流程，最后是市场操作。在企业的不断发展过程中，这3个节点形成的企业运营链不断得到锻炼，逐渐成熟，并形成了丰富的经验，也自然地培养了企业的运营能力。

另外，企业智商所涉及的这3个内涵其实包括了企业的输入输出两个方面，更通俗点说是包括了企业的内部处理和外部联系的知识和方法，而无论是哪方面都需要企业具有良好的领导力和员工的执行力，也就包括了企业上下级的沟通力和员工之间的信任感和配合度。

由此可以看出，企业智商是一个非常广义的概念，它也体现出了以下几个特点：

一是企业智商是全体员工所共同拥有的。个人智商通常表现为单个个体的理论思维和操作能力，但企业智商则是全体员工合力形成的，它不专为某个人拥有，即企业领导者和关键员工不能全面把握和控制它。当然，作为企业的决策者和优秀员工可以影响和提升它，但同时企业智商又属于组织中的每一个人，即每个员工都可以为之贡献，它可以实现共享。

二是企业智商是整体的，这是在共享基础上的提升，因为商业组织的人员是具有流动性的，但是真正良好的企业智商并不受到人员流动的影响，至少不会因为关键员工的流失而使企业智商体系崩溃。

三是企业智商是有机的，商业组织中每个人员的智商简单相加或积累远远尚未形成真正的企业智商，只有通过某种机制和纽带将每个人的智慧联系起来，并升华，其结晶才真正形成企业智商。

四是企业智商是具有组织特色的，正如每个人的智商都会因为个性而形成不同的思维模式一样，企业智商也是如此，但是企业智商的特色更具有组织性，它从某种程度上抹杀了个人智商的部分特色，比如麦当劳的服务模式，全球都是一样的，但是很明显每个地区员工平时的行为模式却有所不同，甚至有着巨大的区别。

五是企业智商是通过不断地学习和实践，从而逐渐积累和提升的，企业逐步壮大的过程就是企业智商的丰富和精炼的过程。当一个人开始创业的时候，企业智商就是创业者个人智商；而当企业发展到一定阶段的时候，企业智商也许只是员工智商的简单相加；但当企业发展成为大型商业组织的时候，企业智商就必须形成一种独特的联系机制，从而有机结合，并碰撞和融合出独特的智慧。

既然企业智商是不断地积累形成的，那么企业智商应该如何培养呢？可以从以下几个方面入手。

机制和环境。企业应该创造出一个良好的学习环境，也就是通常所说的学习型组织，对于一个企业来说，它时刻都处于激烈的市场竞争中，只有通过不断地学习和创新，才能够掌握更好的应对知识，从而形成优秀的竞争策略，并使企业立于不败之地。因此要让所有员工充分地理解这一点，从观念上影响其自觉地进行学习，并且通过良好的环境让员工有条件进行学习，如企业知识库、图书馆等，在这种环境中逐步形成企业上进的学风。另外也可通过激励和竞争共举的方式进行，比如平衡记分卡其中两个指标就是员工学习成长与专业技能，将学习能力和成绩与薪酬和晋升机会结合起来将具有更大的动力，当然，相应地也要对学习能力差的员工进行末位淘汰。

共享和分享。除了自身的学习之外，企业作为团队作战的组织，每个人的学习能力和业务经验都有高有低，或者有不同的理解和行为方式，因此必须通过不同的形式将员工的个体智慧进行共享和分享。当然，也许员工会存在一定的私心，只有让员工都明白共享其实就是分享的概念，那么大家就愿意来共同提高，从而也就提升了企业的整体智商。关于这点也有很多执行方法，如经常展开业务交流会、建立企业的知识系统、企业刊物，甚至如博客、论坛等新形式，这样的开放空间将会让员工更愿意参与。

指导和培训。我们都知道，人力资源部门在招收一个新人进入企业的时候，一般都会由专人帮助其熟悉企业环境和相应业务知识。如果该员工是应届毕业生或者是一个行业新手的话，一些企业还会设立导师制度，相当于老师指导学生入门，通过一段时间业务理论、知识的言传，经验、技能及操作手段的身教，在其掌握了相应工作能力后才独立开始工作。这样可以充分地将企业智商进行转移和嫁接，从而使新员工融入到企业智商体系中来，甚至若该员工对某项知识和技能具有独特理解的话，还可以丰富和完善企业知识系统。这是一种内部传授模式，另外一种是企业讲座，企业内部自己开展知识讲座，请某位具有优秀能力的员工或领导一对多进行知识传播，并且以提问及探讨形式充分进行交流和思想碰撞，从而产生更丰富的创意。

【成功赚钱小贴士】

当然，目前诸多企业也引入了完善的培训系统，作为一种外部的知识引进，有效的培训确实是一个良好的渠道，但要注意的是培训必须与企业发展阶段、员工知识结构相匹配，并针对不同人员安排不同内容和层次的培训。重要的是培训完后必须内部再次进行讨论和记录，形成可在企业内部体系内传授和学习的材料。

　　智商更高的企业，其决断力也就更强，在瞬息万变的市场内，他们存活下来的几率也就更高。

不可拿企业开玩笑

　　既然走上创业这条道路，就应该一无反顾。不过创业是艰辛的，一无反顾也不代表没有重重顾虑。在长期的咨询服务经历中，专家们总结出6对"不怕"与"怕"，值得创业者关注。

　　1. 不怕股东济济，就怕权责不分

　　为了积聚更多资金、人才和人脉，同时也为了适度降低个人创业的风险，不少创业者都会选用合股的形式进行创业。于是，出现了各路股东济济一堂的热闹场面。

　　股东经济本是件好事，精英汇聚，但若权责不分，大大小小的事情都要在一起开会研究，瞻前顾后，难以达到共识。所以，对于创业者而言，一定要在股东济济的基础上，分清权责，专业的事情授权给专业的人才来做，责任由相应的专业人才负责。这样就能很好地处理意见分歧带来的矛盾与后果。

　　2. 不怕分工精细，就怕执行不力

　　精细分工，不仅让责任落实到人，而且能够人尽其才、才尽其用，充分发挥各个股东的专长。但是很多创业者在实施精确的分工之后，尤其是对于兼职创业的人来说，却因创业之外的"主业"，耽误了创业工作的落实，造成执行不力。

　　执行不力不仅会造成细分工作的延误，也会造成整体工作的推迟，更严重的是，执行不力会贻误创业路上的良好时机，造成一步落后，步步落后。

3. 不怕深谋远虑，就怕脱离实际

人无远虑，必有近忧。于是，许多创业者开始创业的时候，就眼光盯着深沪股市，心理挂着纳斯达克。

想着上市既是宏伟目标和远大抱负的生动体现，也有助于提振士气，但是不少创业者对于眼前要处理的棘手工作却很难提起兴趣。这种脱离实际的风格，亦会造成执行不力，贻误发展良机。一切要从实际出发，战略制定要"由下到上"，应该大处着眼，小处着手，一步一个脚印地奋勇前进。

4. 不怕兢兢业业，就怕迷信自己

做事兢兢业业，是个良好的品质。在创业过程中，努力不一定能够成功，但是，不努力则一定不能成功。可以说，兢兢业业是创业成功的基石。

但是，过犹不及，物极必反，兢兢业业但不能迷信自己，仿佛自己精通所有的事情，对很多工作都要"亲自过问"，甚至在评判上唯我独尊，造成好的策略方案流进了垃圾桶，最后受损最大的自然是创业者。所以，创业者必须杜绝迷信自己，要努力做一个合格的决策者，而不仅仅是一个兢兢业业的"做事者"。

5. 不怕资金短缺，就怕不会花钱

如果有钱才能创业，那么这个世界就不会有王永庆或李嘉诚的成功了，很多创业者都是白手起家的典范。对于创业者来说，没有足够充裕的资金并不可怕，不会花钱才真的可怕。

该花的钱一分钱不能少，不该花的钱一分钱不应多。在创业初期，对快速达成销售有利，同时又能有效提升品牌形象的钱，大多是要花的，其余的则可以暂缓。

6. 不怕经验缺乏，就怕一无所依

经验很重要，但是经验不是创业成功的第一关键。凡事总要有个先后顺序，创业总要有个学习和积累的过程。

【成功赚钱小贴士】

创业者没有足够的经验并不可怕，但创业者一定要整合可以产生效益的资源，找到可以施展才能的平台，然后依靠这些资源和平台，边干边学，边学边干，把握时机，有错就改，持之以恒地积累经验。

创业是很多人的梦想，他们带着激情与梦想，渴望开创一片新的事业天空。但在这个过程中，千万不要让一些错误的认识模糊你前进的视线。

创业路上的陷阱

创业的道路上有很多的艰辛，同样也会有很多的艰难，在遇到这样那样的苦难的时候一旦解决不当就会引发创业的失败，因此在创业的道路上创业者一定要警惕几个陷阱。

第一，不顾眼前利益。

很多人都会因为眼前利益而不顾长远利益，这是让很多创业者失败的原因，但也有一些创业者会因为长远利益而不顾眼前利益，最终导致的惨败也是一样的。因为如果资金的运转等已经不足以支撑企业的发展，企业就等不到明天，所以还是应该在着眼长远利益的同时兼顾眼前的利益。

第二，盲目扩张。

对于创业者来说,最初的艰辛是有的。而很多人往往还没有起步就开始失败,但也有一部分人会比较顺利,顺风顺水地开始行进。利益的扩大和市场前景的看好都会让他们沾沾自喜,甚至盲目地进行扩张,而这一举动就很容易让创业者马失前蹄,因此稳住脚是很重要的。

第三,现金流不充足。

有些创业者会对自己的创业资金进行分配,而有些创业者则将所有的资金进行了前期的投入,因为没有回流资金作为候补,致使现金流不充足,导致了资金障碍,这也是很常见的,只有正确地认知才能摆脱这一问题。保持资金的统筹规划和分配才是关键。

第四,钱是万能的。

对于创业者来说,赚钱是必须的,但是也要知道,并不是所有的问题都可以用钱来解决的,也有很多的问题是钱不能办到的,诸如团队管理中想用吃顿饭的方法来提高斗志,这是很幼稚的想法。只有采用变化的思维,因地制宜进行管理,将钱花在应花的地方才是最好的方法。记住:钱很重要,但并不是万能的。

【成功赚钱小贴士】

在创业的时候会有许多人给你提各种各样的意见,我这里说的并不是叫你不要听,而是你要知道,不能盲目地接受意见。你要认真地将意见选择性地收入囊中,避免创业路上的种种陷阱。

同行效应

同行一定要竞争吗?有人说:这不是废话吗?不和同行竞争和

谁竞争，不竞争就被淘汰了。

这话真的是很有道理，如果市场容量是一定的，你争取到了客户就必然造成对手的损失，你不跟同行争，你必然生存不了。这道理太简单不过了。

可是我却发现有时候好像不是这样的。我常常会参加一些商会活动，听那些前辈在讲生意上的故事，听听想想，有时候也很有收获。

有一次他们就讲了一个事情，我们家乡很多人在广州做布料生意，早几年大家都赚了很多钱，然后就有更多人的看到了这些商机，跑到广州也跟着做布料生意。人多了不就要竞争吗？于是大家相互压价，到现在布料的利润已经低得不行了，大家也都赚不到什么钱了，一个个就只好灰溜溜地回来了。

大家都知道温州人的故事吧，温州人比较出名的一点就是到哪都是一个团，有个专门的称呼叫"温州××团"，比如温州炒房团，他们也是同行，可是他们却很团结，去哪儿都抱成团。而且大家发现没有，他们的生意做得很大！

好像确实不太符合逻辑。同行竞争导致了集体失败，同行合作，导致了集体成功。不竞争，生意被抢了，怎么还会更成功呢？怎么解释？

一句话道破天机：良性竞争促进集体进步，恶性竞争造成集体灭亡。

竞争要把心思花在改善自己的产品、服务上，绝不用价格战。

再回头看看原先的命题，如果市场容量一定，同行利润的增加会造成自己利润的减少。那有没有想过一个问题：市场容量是一定的吗？

恶性竞争，价格战，必然导致市场萎缩，利润骤减，最终害人害己。

良性竞争，在某些时候，把生意让给你的对手，会造成自己损失，但同行的携手合作保证了市场的正常，形成了资源的更好配置。市场容量增长了，同行之间的竞争良性循环，抱成一团，每个人抗击打的能力也变强了，那最终每个人都将受益。

在恰当的时候，把生意让给对手吧，让自己赚更多的钱。

【成功赚钱小贴士】

竞争在企业中相当常见，两个企业的矛盾有时候就源起于这里。在同行中不一定都是冤家，有时候多维护一下同行的关系也会是一笔收益。

绑住客户的好办法

好人缘是一个人的巨大财富。有了它，事业上会顺利，生活上会如意。但它不会从天上掉下来，而是需要你的辛勤努力。

1. 尊重别人

俗话说："种瓜得瓜，种豆得豆。"把这条朴素哲理运用到社会交往中，可以说，你处处尊重别人，得到的回报就是别人处处尊重你，尊重别人其实就是尊重你自己。

有这样一个有趣的故事：一个小孩不懂得见到大人要主动问好、对同伴要友好团结，也就是缺少礼貌意识。聪明的妈妈为了纠正他这个缺点，把他领到一个山谷中，对着周围的群山喊："你好，你好。"山谷回应："你好，你好。"妈妈又领着小孩喊："我爱你，我爱你。"不用说，山谷也喊道："我爱你，我爱你。"小孩惊奇地问妈妈这是为什么，妈妈告诉他："朝天空吐唾沫的人，唾沫也会落在他的脸上；尊敬别人的人，别人也会尊敬他。因此，不管是时常见面，还是远隔千里，都要处处尊敬别人。"小孩朦朦胧胧地明白了这个大道理。

2. 乐于助人

人是需要关怀和帮助的，尤其要十分珍惜自己在困境中得到的关怀和帮助，并把它看成是"雪中送炭"，视帮助者为真正的朋友、最好的朋友。

马克思在创立政治经济学时，正是他在经济上最贫困的时候，恩格斯经常慷慨解囊帮助他摆脱经济上的困境。对此，马克思十分感激。当《资本论》出版后，马克思写了一封信表示他的衷心谢意："这件事之所以成为可能，我只有归功于你！没有你对我的牺牲精神，我绝对不能完成那三卷的巨著。"两人友好相处，患难与共长达40年之久。列宁曾盛赞这两位革命导师的友谊"超过了一切古老的传说中最动人的友谊故事"。

帮助别人不一定是物质上的帮助，简单的举手之劳或关怀的话语，就能让别人产生久久的激动。如果你能做到帮助曾经伤害过自己的人，不但能显示出你的博大胸怀，而且还有助于"化敌为友"，为自己营造一个更为宽松的人际环境。

3. 心存感激

生活中，人与人的关系最是微妙不过，对于别人的好意或帮助，如果你感受不到，或者冷漠处之，因此生出种种怨恨来则是可能的。

王老师在自己就职的学校里很有人缘，威信颇高，有人问他原因时，王老师讲："古人说，'滴水之恩，当以涌泉相报'，我虽做不到这一点，但我始终坚持'投之以桃，报之以李'，时时处处想着别人，感激别人。"王老师道出了为人的真谛。因为有了感激，你才会成为一个好同事、好朋友、好家人。

4. 同频共振

俗语说："两人一般心，有钱堪买金；一人一般心，无钱堪买针。"声学中也有此规律，叫"同频共振"，就是指一处声波在遇到另一处频率相同的声波时，会发出更强的声波振荡，而遇到频率不同的声波则不然。人与人之间，如果能主动寻找共鸣点，使自己的"固有频率"与别人的"固有频率"相一致，就能够使人们之间增进友谊，结成朋友，发生"同频共振"。

共鸣点有哪些呢？比如说：别人的正确观点和行动、有益身心健康的兴趣爱好等，都可以成为你取得友谊的共鸣点、支撑点，为此，你应响应，你应沟通，以便取得协调一致。当别人飞黄腾达、一帆风顺时，你应为其欢呼，为其喜悦；当别人遇到困难、不幸时，你应把别人的困难、不幸当作你自己的困难和不幸……这些就是"同频共振"的应有之义。

5. 真诚赞美

林肯说过："每个人都喜欢赞美。"赞美之所以得其殊遇，一在于其"美"字，表明被赞美者有卓然不凡的地方；二在于其"赞"字，表明赞美者友好、热情的待人态度。人类行为学家约翰·杜威也说："人类本质里最深远的驱策力就是希望具有重要性，希望被赞美。"因此，对于他人的成绩与进步，要肯定，要赞扬，要鼓励。当别人有值得褒奖之处，你应毫不吝啬地给予诚挚的赞许，以使得人们的交往变得和谐而温馨。

历史上，戴维和法拉第的合作是一个典范。虽然有一段时间，法拉第的突出成就引起戴维的嫉妒，但其二人的友谊仍被世人所称道。这份情缘的取得少不了法拉第对戴维的真诚赞美这个原因，法拉第未和戴维相识前，就给戴维写信："戴维先生，您的讲演真好，我简直听得入迷了，我热爱化学，我想拜您为师……"收到信后，戴维便约见了法拉第。后来，法拉第成了近代电磁学的奠基人，名满欧洲。

6. 诙谐幽默

人人都喜欢和机智风趣、谈吐幽默的人交往，而不愿同动辄与人争吵，或者郁郁寡欢、言语乏味的人来往。幽默，可以说是一块磁铁，以此吸引着大家；也可以说是一种润滑剂，使烦恼变为欢畅，使痛苦变成愉快，将尴尬转为融洽。

美国作家马克·吐温机智幽默。有一次他去某小城，临行前别人告诉他，那里的蚊子特别厉害。到了那个小城，正当他在旅店登记房间时，一只蚊子正好在马克·吐温眼前盘旋，这使得职员不胜尴尬。马克·温却满不在乎地对职员说："贵地蚊子比传说中的不知聪明多少倍，它竟会预先看好我的房间号码，以便夜晚光顾，饱餐一顿。"大家听了不禁哈哈大笑。结果，这一夜马克·吐温睡得十分香甜。原来，旅馆全体职员一齐出动，驱赶蚊子，不让这位博得众人喜爱的作家被"聪明的蚊子"叮咬。幽默，不仅使马克·吐温拥有一群诚挚的朋友，而且也因此得到陌生人的"特别关照"。

7. 大度宽容

人与人的频繁接触，难免会出现磕磕碰碰的现象。在这种情况下，学会大度和宽容，就会使你赢得一个绿色的人际环境。要知道，"人非圣贤，孰能无过"。因此，不要对别人的过错耿耿于怀、念念不忘。生活的路，因为有了大度和宽容，才会越走越宽，而思想狭隙，则会把自己逼进死胡同。

《三国演义》中，周瑜是个才华横溢，却度量狭窄的人物，但据史书记载，周瑜并不是小肚鸡肠的人，他因为自己的大度宽容拥有一份好人缘。比如说，东吴老将程普原先与周瑜不和，关系很不好。周瑜不因程普对自己不友好，就以其人之道还治其人之身，而是不抱成见、宽容待之。日子长了，程普了解了周瑜的为人，深受感动，体会到和周瑜交往，"若饮醇醪自醉"——就像喝了甘醇美酒自醉一般。

8. 诚恳道歉

有时候，一不小心，可能会碰碎别人心爱的花瓶；自己欠考虑，可能会误解别人的好意；自己一句无意的话，可能会大大伤害别人的心……如果你不小心得罪了别人，就应真诚地道歉。这样不仅可以弥补过失、化解矛盾，而且还能促进双方心理上的沟通，拉近彼此的关系。切不可把道歉当成耻辱，那样将有可能使你失去一位朋友。

英国首相丘吉尔起初对美国总统杜鲁门印象很坏，但是他后来告诉杜鲁门，说以前低估了他，这是以赞许的方式表示道歉。解放战争时期，彭德怀元帅有一次错怪了洪学智将军，后来彭德怀拿了一个梨，笑着对洪学智说："来，吃梨吧！我赔礼（梨）了。"说完两人一起哈哈大笑起来。

当然，一个人要想保持良好的人际关系，最好尽量减少自己的过失。曾子讲："吾日三省吾身。"为拥有好人缘，一个人应不断检讨自己的过失，提高个人的修养才是。

很多朋友创业的时候从来就没考虑这些问题，感觉这个东西自己认为可以就弄钱去做，结果因为不了解别人的需求，不了解市场，不会与顾客和各种相关利益人相处而亏损。

【成功赚钱小贴士】

当培养出了自己的好人缘后，再进行客户巩固，那么，客户自然离不开你。

这里所说的客户巩固就是用自己的商品去吸引客户，当客户们对你的商品或者理念有一定依赖的时候，你的好人缘才能够真正地起到作用。

销售顾问，公司赚钱新方式

从推销员到销售顾问是名称的变迁，也是时代的进步，将满足顾客需求真正提到了前所未有的高度，非常可惜的是，顾问式销售这种贴心的服务运用得并不好。市场空间，好产品不去占领，假冒伪劣就会去占领。

在商品匮乏的年代，是产品都能不推而销。在商品逐渐多起来之后，顾客有了选择余地，不推就无销。在商品丰富甚至过剩的今天，推销也显得不合时宜了。今天的销售必须站在顾客角度，并且要设身处地为顾客着想，才有可能让顾客接受你的产品。岂止销售，从设计生产开始就必须想到顾客需求。

什么是顾问式销售？顾名思义，就是站在顾客角度，充当购买顾问。也就是换位思考，把自己当作消费者的朋友，从朋友立场介绍商品、选择商品。为什么我反对营销人员盯住销售技巧呢？把顾客当朋友甚至当亲人是不必转弯抹角、费尽心思的，勿需技巧，坦诚就好，有一说一、有二说二。我甚至主张对同行产品的优缺点也一并介绍，把选择、决定权完全交给顾客。短期来看，这会使你失去一部分顾客，长期而言，你的诚信坦荡、良好的口碑必将给你带来丰厚的回报。

公司的主体是人，所以你的公司里的任何一个人都能成为帮助公司赚钱的销售员，只要对公司足够了解，对产品有一定信心，那么，培养他成为一个合格的销售顾问是没有问题的！

那么顾问式销售应该注意些什么呢？

1. 让你的商品成为你自己愿意购买的商品

让天下所有正直而善良的销售员，自愿选择你的商品去销售。你给他们预留无限广阔的发展空间，同时也让假冒伪劣无人理睬、自动消亡。

2. 自始至终不说假话

有人信奉不说假话办不了大事。如果你想上一个档次，进入顾问式销售的境界，你就必须"痛改前非"，不说一句假话。在我看来，说真话最简单。同时我也发现说惯假话的人让他讲真话也很难。不能约束自己讲真话的人，那就不必去学人家做顾问式销售。顾问式销售也有准入门槛——不说假话。

3. 比自己承诺的做得更好一点

顾问式销售并非一味讨好顾客，他说什么我都答应。讲过头话也是一种假话，自己能做到多少就承诺多少，宁可说得欠一点，做得多一点。

【成功赚钱小贴士】

很多人觉得销售顾问需要很多技巧，其实用对自己负责的态度服务顾客，以关怀亲人之心关心顾客，相信没有顾客不买你的账。

销售不需太多的技巧，顾客式服务本身就是最好的技巧。

而公司如果真的用上了顾问式销售，那么，公司的信誉也就得到了提升。只要赚钱方法得当，任何公司都能依靠顾问式销售站稳脚跟。

品牌定位决定赚钱方向

定位，就是使品牌实现区隔。目前的消费者面临太多选择，经营者要么想办法做到差异化定位，要么就要定一个很低很低的价钱，才能生存下去。其中关键之处，在于能否使品牌形成自己的区隔，在某一方面占据主导地位。

第一步：分析行业环境

你不能在真空中建立区隔，周围的竞争者们都有着各自的概念，你得切合行业环境才行。

首先，你得从市场上竞争者叫出的声音开始，弄清他们可能存在于消费者心中的大概位置，以及他们的优势和弱点。我喜欢的一种调查模式，是就某个品类的基本属性，让消费者从1到10给竞争品牌们打分，这样可以弄清不同品牌在人们心中的位置，也就是建立区隔的行业环境。

同时考虑的，是市场上正在发生的情况，以判断推出区隔概念的时机是否合适。

就像是冲浪，太早或太迟，你都可能葬身大海。把握住最佳时机，你才有可能得到一个好的区隔。

第二步：寻找区隔概念

分析行业环境之后，你要寻找一个概念，使自己与竞争者区别开来。

想想一匹马，它有种类可分，所以很快就可以得到区隔：赛马、跳马、牧马、野马等。而跑马中，又可以从品种、表现、马厩、驯马员等方面去区分。

第三步：找到支持点

有了区隔概念，你还要找到支持点，让它真实可信。

任何一个区隔概念，都必须有据可依。比如一辆"宽轮距"的庞帝克（Pontiac），轮距就应该比其他汽车更宽；英国航空（British Air）作为"世界上最受欢迎的航空公司"，乘客自然要比其他航空公司的多；可口可乐说"正宗的可乐"，是因为它就是可乐的发明者；当你声称"赫兹（Hertz）非寻常"时，你就得提供一些别人所没有的服务。

区隔不是空中楼阁，消费者需要你证明给他看，你必须能支撑起自己的概念。

第四步：传播与应用

并不是说有了区隔概念，就可以等着顾客上门。最终，企业要靠传播才能将概念植入消费者心智，并在应用中建立起自己的定位。

企业要在每一方面的传播活动——广告、手册、网站、销售演示中，都尽力体现出区隔的概念。我们有一位快餐业客户，他们的CEO甚至亲自过问圣诞节寄给特许经营商的贺卡，一定要在节日的问候里，捎带上自己的"区隔"。

另一方面，一个真正的区隔概念，也应该是真正的行动指南。几年前，美国的联合泽西银行（United Jersey Banks）被定位为"快速行动银行"，他们很快就参透了这种精神，争着比来自"大城市"的对手做得更快，大大地提高了贷款审批和解决投诉的速度，业务同步增长。

实际上，下属并不需要你告诉他"怎样发挥潜能"，他们只想知道一个问题的答案——什么使我们的公司与众不同？如果他对答案产生认同，就会和公司一起奋步前进。

当你的区隔概念被别人接受，而且在企业的销售、产品开发、设备工程，以及任何大家可以着力的地方都得到贯彻，你可以说，你为品牌建立了定位。

【成功赚钱小贴士】

值得强调的一句是，在建立定位的过程中，仅有一个好的区隔概念远远不够，你必须要有足够的财力把概念植入消费者心智。今日营销是一场在心智展开的比赛，进入心智需要有钱，保住江山需要的还是钱。

企业品牌的定位决定了一个企业赚钱的方向，当企业品牌被定位后，这个企业赚钱的地方就明确了。

公司区域市场管理

要做好区域市场的渠道管理工作，区域主管可以在渠道规划、建设、维护和调整等方面遵循 7 条原则：有效原则；效率最大化原则；增值原则；协同原则；竞争性原则；集中开发、滚动发展原则；动态原则。

1. 有效原则

一方面，区域主管需要在对目标市场进行有效细分的前提下进一步对潜在分销渠道的分销效能、服务能力、维护成本和影响力等因素进行综合分析，从而明确各渠道的优势和劣势，保证进入的渠道同细分市场的特点相匹配，并从结构上保证所构建的分销链的有效性，从而实现对区域市场的有效覆盖。例如，在装饰材料行业中，为了实现对商业用户这一细分市场的覆盖，企业必须嫁接或进入建材批发渠道、五金店等渠道，才能服务于大批量的工程商用客户；对一般家庭用户来讲，则必须利用建材专业市场等以零售为主、批零兼营的分销渠道；对家庭装饰用户中的高端客户，则越来越多地需要利用综合建材连锁超市等大型零售渠道来为他们提供针对性的服务以获取高利润。可以看出，其中任何一种渠道都不可能有效交叉覆盖另一个细分市场。

另一方面，应整合各细分渠道中在素质、规模、实力、服务和管理等方面有特长的终端、大批发商和新兴大型零售商等优秀渠道资源，注意把握渠道成员的质量，从而使企业的分销链具有强大的分销力，这对目标区域市场来说是非常关键的一步。

2. 效率最大化原则

要充分考虑渠道中商流、物流、资金流、信息流的顺畅和运营维护成本。在规划区域市场渠道结构时，除了要考虑市场容量、顾客需求、产品特性和地理特征等一般性影响因素外，还应考虑合理设计渠道层次关系，减少不合理、无法实现增值的物流环节，实现基于渠道效率基础上的扁平化。

例如，改变以往"由中心城市覆盖地级城市，再由地级城市覆盖县级市场"的一般性渠道构建思路，在区域传统商业集散地设立总代理，利用业已存在的商流联系，直接覆盖地、县等二三级市场；在集中的专业市场内由特约经销商设立库存，覆盖多个一般分销商（无须增加库存），这样既可以实现物流集中和库存集约，又在很大程度上保证了渠道占有，实现渠道效率的最大化。这样，也能减少渠道冲突，有利于稳定区域市场的秩序，并能有效地降低维护费用。

3. 增值原则

是指以"顾客价值最大化"为目标，通过渠道创新、功能发育、策略调整、资源投入等方法来提高整个营销价值链的服务增值能力和差异化能力。企业可以通过为顾客提供有针对性的增值服务来实现产品的差异化，从而提高顾客的满意度和忠诚度，从根本上摆脱产品"同质化"所引起的过度、无序竞争；同时，提供增值服务也能使分销链的价值创造能力大大改善，有利于增加各环节的利益，从而增加分销链的稳定性和协同性。

例如，某饲料企业在利用原有经销商养殖服务功能的同时，进行渠道创新，发展兽医和猪贩等渠道成员成为饲料分销商，企业将市场促销调整为服务营销，加大对服务资源投入，充分利用渠道的服务功能来为养殖户提供防疫、饲喂、品种改良、出栏收购等综合服务，改善了养殖效益，从而提升了市场份额和用户忠诚度。

4. 协同原则

除了通过渠道分工来使相应类型的渠道覆盖相应类型的细分市场外，区域主管更要注意使分销链上的各个环节实现优势互补和资源共享，以有效地获得协同效应，这样既可以提高分销效能，又可以降低渠道运营费用。

比如，企业利用管理经验、市场能力、技术服务等优势承担品牌运作、促销策划、助销支持和市场维护等管理职能；核心经销商利用网络、地缘、资金、配送系统等优势，承担物流、结算、配合促销实施、前期推广等分销职能；各零售终端利用地理位置、影响力、服务特色等优势，承担现场展示、用户沟通、客户服务和信息反馈等销售职能。

5. 竞争性原则

区域营销是以竞争为核心的战略性市场营销，其渠道策略应该是竞争导向的。应根据本企业在本区域市场上的综合实力来确定主要竞争对手，以分销链的系统协同效率为基础，通过不断蚕食、集中冲击等竞争手段展开客户争夺，从而获得区域市场上的主导地位。

比如，在区域市场上，根据具体竞争格局和趋势，企业一般确定直接竞争或构成主要障碍的竞争对手为攻击目标（综合实力相对较弱的情况下，则选择第二、第三位的竞争对手为首攻对象），在终端争夺、促销宣传、价格策略等方面有针对性地冲击竞争对手，逐步扩大自己的市场份额，并不断提升自己的渠道质量和管理水平，在条件成熟时发起针对主导品牌的进攻，以夺取区域市场第一的竞争位置。

6. 集中开发、滚动发展原则

企业要想全面主导分销价值链，必然需要加大在市场上的资源投入，如管理人员、助销支持、服务保障、品牌宣传等。如果要在比较广阔的市场上展开大规模的攻势，大部分企业可能承受不了，况且不区分市场潜力和容量大小的盲目投入也不大可能获得良好的回报。所以，企业必须选择自己的核心市场，集中使用本企业的资源，如此才可能达到区域市场占有率第一的目标。

另外，在区域市场的渠道规划和建设中，也必须采用滚动发展、逐步深化的方式。一般来说，企业原有的分销渠道模式和运作方法在经销商、业务人员和营销管理者的思维中已形成定式，加上原有矛盾的积淀和市场格局高竞争度的现实，一步到位往往难度较大，企业应因势利导、循序渐进，争取做到稳步发展、滚动发展。

7. 动态原则

首先，规划渠道时要保证区域市场容量与批发商和终端的分销能力保持动态平衡。必须根据区域市场容量和结构的变化，结合各渠道成员的具体发展状况适时调整，使渠道成员"耕有其田，各尽所能"。

其次，在渠道结构调整方面，要与区域流通业和顾客购买习性的发展变化保持动态平衡。当前，流通领域正在发生深刻的变化，传统渠道大部分在衰退，连锁、特许经营等规模化、集约化经营等新型业态正在崛起，"第三方物流"也在高速发展。对大多数企业来说，深入研究现有及潜在渠道，尽可能摆脱单一渠道的束缚，适当采用多渠道策略是有效提高市场占有的必然选择。比如，企业可以在核心区域市场逐步收缩传统分销网络，积极介入新兴大型连锁零售渠道，同时积极嫁接专业物流商，逐步剥离物流配送，集中精力进行市场运作，实现渠道管理职能的转化并适时实现渠道的扁平化。

【成功赚钱小贴士】

渠道策略应与企业市场战略目标相匹配，以推动市场的有序扩张和持续发展。在渠道规划和管理中，企业应注意将市场发展的短期利益与长期战略目标相结合。比如，企业可以在某些影响力大、地位重要、具有战略意义的核心市场（如大、中城市市场）上直接掌控终端，密集布点，以驱赶主要竞争对手、提高市场覆盖率；同时，可以在竞争对手占优势的区域市场上以积极的政策来冲击竞争对手的现有网络，扩大品牌影响力，以达到主导区域市场的目的。

巧妙地让客户跟单

做网络营销时，你是否考虑过为什么客户会来买你的产品呢？其实客户在下订单之前，在他的心里面最重要的是：信任。为什么同样的产品有的价格高，有的价格低，他却要选择价格高的呢？

我们每个人既是供应商的同时也是客户，我们也会去买些东西。当我们买一件商品的时候，我们都在想些什么呢？所以解决信任的最好方法是了解客户的购买心理。客户心里想的是什么呢？

1. 你是一个什么样的人

我们要展示出一个真实的自我，让客户明白你的为人，从而引起客户的注意。

2. 你们公司是不是骗子

展示出公司的营业执照，并在里面附上工商局的网站，让客户随时可以查是否有你们公司的存在。

3. 这个人可不可靠

平时在网络上，或在电话里跟客户沟通的时候一定要真诚，从你的文字、声音中是可以感受到你的热情与真诚的。

4. 答应我的货期你能做得到吗

该怎样就怎样，答应的事一定要做到，做不到的事就不能答应，应该如实地告知客户，让客户有心理准备，早做打算。

5. 你为什么不承担责任

错了就要认，认了就要改，就应当承担责任。

最后应当多留意客户，维持好关系。他们同我们一样也是凡人，有思想、有感情，有时候一句简单的问候就能够感动客户。

【成功赚钱小贴士】

简单一点的语言能够拉近自己和客户之间的距离，而客户通常是希望对方能够给自己安全感。当你成功地将客户拉进你的圈子时，你就可以大胆地让对方加入你的客户行列，你依旧是一个商人，选好自己的语言将是有利的攻势。

另外，切忌不要将客户拉得太近，因为这会造成对方的降价心理，所以，适可而止也是需要学习好的。

这样做创业公司必赚

创业成功者是这个世界上极为稀少的一种"动物"，大多数创业者都会倒在创业的半途中，为什么？可能他们还不具备下面这些成功者的素质。

1. 把情感装入理性之盒

一种抵触情绪的产生往往是潜移默化的，但它对人一生的影响却是巨大的，这种影响从诸多小事上体现出来。我们应尽量消除自己的不良情绪，因为它不仅会给我们造成身心上的伤害，而且在我们通往成功的路途上，不良情绪有时会成为绊脚石。为了你的成功，你必须把情感装入理性之盒，你必须去适应别人，适应形势，不然的话，你注定成不了大事，注定会被淘汰。

2. 摆正心态，敢于面对现实

对于那些不停地抱怨现实恶劣的人来说，不能称心如意的现实，就如同生活的牢笼，既束缚手脚，又束缚身心，因此常屈从于现实的压力，成为懦弱者；而那些真正成大事的人，则敢于挑战现实，在现实中磨炼自己的生存能力，这就叫强者！

在此，我们可以得出一条成大事的经验：适应现实的变化而迅速改变自己的观念，最重要的是需要我们聪慧的头脑和灵活的眼睛，做生活的有心人。在现实的压力之下，如果你能改变观念，适时而进，可收到事半功倍的效果。我们的自下而上须臾离不开现实，随着现实的变化，我们必须随之调整自己的观念、思想、行动及目标。这是生存的必须。如果我们有办法来改变现实，使之适合我们能力和欲望的发展需要，则是最难能可贵的。

3. 让你拥有过硬的自制能力

自制，就是要克服欲望，不要因为有点压力就心里浮躁，遇到一点儿不称心的事就大发脾气。一个人除非先控制了自己，否则将无法管理别人。一个人只要有成大事的目标，知道自己想要的，然后采取行动，告诉自己绝对不要放弃，成功只是时间早晚而已。

假使你在途中遇上了麻烦或阻碍，你就去面对它、解决它，然后再继续前进，这样问题才不会愈积愈多。

你在一步步向上爬时，千万别对自己说"不"，因为"不"也许导致你决心的动摇，放弃你的目标，从而前功尽弃。人最难战胜的是自己，这话的含义是说，一个人成功的最大障碍不是来自于外界，而是自身。只有控制住自己，才能控制住压力，让压力在你面前屈服。

4. 以变应变，才有出路

顺应时势，善于变化，及时调整自己的行动方案，这是成大事者适应现实的一种方法。

一个人如果没有和人打交道的高超技巧，没有把各种情况都考虑周全的头脑、灵活应变的手段，就根本无法驾驭大的局面，将很难成大事。

一个人能看清自己的现状，心态就会平衡许多，就能以一种客观的眼光去看待、认识这个世界，并且相应地调整自己的行为。

5. 独处可以激发思考的力量

如果你知道怎么独处的话，成大事者都是善于独处的人——在独处的过程中激发思考的力量。自卑可以像一座大山把人压倒并让你永远沉默，也可以像推进器产生强大的动力。比别人先走一步，能创造一种成功的心境。在独处时，你应当有所思考，不要总人浮于事。

6. 压力是最好的推动力

欲成大事者，因目标高远，压力可能会更大。但欲成大事，就必须能承受这种压力，把压力当成推进人生的动力，人们最出色的工作往往是在处于逆境的情况下做出的。人要有所为就要有所不为，应做的一定要做好，不该做的坚决不做。得到的并不一定就值得庆幸，失去的也并不完全是坏事情。

7. 自信心是人生的坚强支柱

自信心充足者的适应能力就强，反之则适应能力较弱。一般信心不足较严重的人常有一些身心症状，比如孤僻、害怕与人交往、说话过于偏激、悲观失望等。如果做事成功的经验越多，那么自信心就越强；自我成功锻炼的机会越少，自信心就越弱，以致产生严重的自卑情绪。

【成功赚钱小贴士】

想要成为一名成功者，创业者最主要的就是要战胜自我，战胜自己的缺点，战胜自己的不良情绪，只有不断地完善自我，创业者才能有实力应对外部世界给他制造的各种麻烦。

创业是不会毕业的

很多人都认为读了名校出来后创业，才会更容易获得创业的成功，比如读北大、清华、哈佛、耶鲁，这也是事实，有这样的背景的创业者，比较容易认识一些高质量的人脉，更容易得到投资人的资金。但是这里面也不乏拿了资金，把企业做垮的创业者，甚至让投资人赔上几个亿的也不少。

另外一些人，大学没毕业，就出来创业，或者从来没读过书，也创业成功了。根据这几年的统计，全球成功企业家排名前10位里面有6个就没有大学学位。

在这里我们要聊一下大学这个教育制度的来历。在很多很多年前，还处于农耕时代的时候，每个人都是创业者，大家过着自给自足的生活。后来随着商业的发达，需要大量的雇员为企业工作，这个时候，需要一个可以批量培训雇员的机构进行人才培训，方便为企业服务。很多人从此开始接受这一类的教育，也就是——普鲁士制度，沿用到现在，形成了全民教育的制度。因此，目前的教育体系是以培养雇员为目标的教育制度。这样的教育制度下，能培养出创业者、企业老板吗？能教你如何创业吗？有这样的师资力量吗？

从这个层面来看，就可以理解比尔·盖茨、斯蒂芬·乔布斯，还有很多知名企业的创始人为什么没有完成大学的教育，也成就了一番事业。他们没有完成培训雇员的课程，但是完成了创业者需要完成的课程。能否大学毕业，以及读了多高的学位还有那么重要吗？

但是这些没有完成大学课程的创业者就真的不读书了吗？创业

非常艰辛，经历的挫折和困难都需要知识来提升应战能力，一边创业进行实践积累，一边阅读大量的书籍充实自身的力量，比尔·盖茨就是出了名热爱读书的人物。他创业时间越长，越能明白读书的重要性，越能感觉到自己所学的知识太少，感觉还需要读更多的书才行。全世界拥有财富最多的犹太民族，就是热爱读书的民族，全世界最大的图书馆就在以色列，犹太民族从小就培养小孩子读书的重要性。中国古代也强调，"读书乃人间第一人品"。

【成功赚钱小贴士】

要创建出色的企业，就需要懂各方面的知识，对这些知识的学习是用一生的时间都难以穷尽的，用一辈子的时间去学习如何创建、运营企业都是不够的。对于创业者来说，从踏上创业这条路开始，就是开始了一项不断学习、不断读书的课程，这个课程永远都读不完，永远都没有毕业的时候。

质量是公司的生命

在社会经济高速发展的今天，"质量就是效益"、"质量就是生命"等理念早已根深蒂固到每个企业，任何一个产品都要经受市场的无情考验。"今天的质量"就是"公司的未来"，只有产品质量得到消费者的认可，才有可能不断地扩大市场份额，创造出更好的效益。

而现在很多公司都已经通过了 ISO9001 等一系列的管理体系的认证，公司在质量管理方面也都已经形成了一套完整的体系。这也充分体现了公司视质量为重要竞争的工具和提高企业持续竞争力的重要方式。

所谓"千里之行，始于足下"，一个企业发展过程中对质量的重视程度和定位不同，就会造成企业日后发展不同的效果，这就好比一个人爬楼梯，如果分别以6层为目标和以12层为目标，那么他们出现疲劳的时间也会不一样。著名作家卡耐基认为：把目标定在了第12层，疲劳状态就会晚出现一些，当爬到6层时，你的潜意识便会暗示自己：还有一半呢，现在可不能累，于是就鼓起勇气继续上行……

在这里，目标的高低带来公司领导的自我暗示几乎直接决定了公司日后行为动力的大小。其实，在企业的成长过程中，几乎无时无刻不在"爬质量楼梯"，这就需要一个坚定扎实的目标与定位，只有这样，才能保证不至于半途而废。

李明的服装公司开得红红火火，很多客户选择李明公司的服装作为自己的货源，而李明也乐在其中。在公司开了差不多3年的时候出了一个小插曲，当时的服装公司为了节省材料而选择了一批疵点布料，而同一款式的衣服在市面上也能见到，只是差在布料上面。当时李明也没太注意，将布料做成衣服发给了客户，可是一个月后，这批货又都被返了回来。

在李明的公司质量事故还是头一次发生，所以客户们都是抱着换货的态度而并非退货。李明知道了这一情况后，赶紧将客户的货都换成了其他款式。公司的很多同事就不理解了，为什么李明宁可赔钱也要给客户们换呢？而且换的还是不一样的款式。

其实，李明觉得处理好质量问题，给客户一个好的答复也就是在赚钱。保持一个稳定的客户群要好过一时的经济损失，而其他公司这个款式的服装已经比客户多卖了一个月，所以换给客户也就等于是过时了，于是，李明才决定换款式。

这样的处理方法客户都很满意，而且这次事件后，李明又收获了一个庞大的客户群。

很多领导都认为，质量只有检验了才能说了算，其实质量是由企业员工生产出来的，并不是检验出来的。而要产出高质量的产品，就更加需要大家的共同努力。这也就是说，企业员工是产品质量第一情报员，他们熟悉公司生产各个环节中的每一个细节，只有加强细节的刻画，才能够完成高质量的作品。只有对自己产品的质量精益求精，才能使自己的产品在激烈的市场竞争中脱颖而出。

当然，随着经济、科学技术日益发展，公司已经深刻感受到了提高产品质量的重要性。产品质量的好坏，不仅关系到日后发展，还关系到企业的生死存亡。要发展就要把质量放在首位，将"高质量"落实到企业的每一名员工心中，形成牢固的质量意识；求品质，更要注重细节，从小事做起，要像呵护生命一样呵护产品质量。

在自己公司产品质量得到提高后，自己的知名度也会随着好口碑被打开，一旦有了客户，那么，还会怕公司赚不到钱吗？

【成功赚钱小贴士】

质量是企业的生命，是企业发展的灵魂和竞争的核心。质量关系到企业的营利，关系到企业的生存与发展，关系到企业的生死存亡；同时也关系到消费者的身心健康，关系到我们每一个人的衣食住行。

所谓质量也是强调人的责任。如果发生了质量问题人人都推开，那么，企业怎么生存？这是一个态度问题。拒绝承担个人责任是一个易犯的错误，有实力的管理者和员工，会有勇气为事情结果负责。

这样的企业也比较容易得到客户的信任，任何顾客买东西的时候都是挑质量，而恰好你将质量做到最高，那么你也就代表着胜利。

为竞争对手定位

当市场上出现强烈的竞争对手，并给自己造成强烈的冲击时，企业需要为自己重新定位，使自己标新立异。同时，也要找准对手的薄弱环节，放大自己的优势，达到一石数鸟的效果。

企业不仅需要为自己定位，也需要为竞争对手定位，后者往往容易被忽视。

大卫·奥格威（David Ogilvy）是一位传奇人物，他对低价交易的独到认识耐人寻味：傻瓜也会做低价买卖，但创建品牌需要天分、信念和锲而不舍的精神。

在奥格威看来，为竞争对手贴上负面标签的目的，就是为自己树立正面的形象。多年前，红牌伏特加为美国的竞争对手贴上了"美国制造"的负面标签，称其竞争对手是"假冒的俄国伏特加"，为自己建立起"正宗俄国伏特加"的定位。

攻击竞争对手需谨慎

最近，由于经济萧条，消费支出减少，很多公司运用攻击对方的方法争抢顾客。柯达把它生产的喷墨打印机，与其他品牌的昂贵产品作比较。

同样，麦当劳正试图给星巴克贴上"自负的咖啡"这一负面标签，以此推销自己的拿铁和卡布奇诺。它甚至建了自己的网站，用以确保人们不需要学习"第二语言"就可以点单。

有时，品类中没有赢家。沃顿商学院张约翰教授发现："充满敌意的广告——啤酒商，特别是 AB 公司和米勒公司，这种贬人抬己的广告，可能适得其反。它不仅不会吸引消费者，反而可能让人们对该品类的所有产品都失去兴趣。这又会使企业通过降价来吸引顾客，进而导致整个行业利润过低。"

当你准备向竞争对手发起攻击时，小心会反被攻击。例如，金宝汤公司曾为其新产品线进行了广告宣传，称它的竞争对手浦氏公司使用谷氨酸单钠（MSG）。浦氏回击称金宝汤也在使用谷氨酸单钠，结果两败俱伤。

多年前，Scope 漱口水宣称使用李施德林的消费者会满口"药味"，从而为李施德林贴上了"口味不佳"的负面标签。这为 Scope 建立了"口味好"的定位。事后，李施德林运用坦诚法则作出回应，提出"你痛恨的味道，一天两次"的概念，意在强调：药味这么重，肯定能杀死很多细菌。这就是攻击和反击。

重新定位竞争对手，往往是在对手的强势中找弱点，并进行攻击，但不是直接去找弱点，这样会引起别人的反感。但还有另一种弱点，是由强势造成的。如安飞士（Avis）曾经的广告语："选择安飞士吧，我们柜台前的队伍更短。"赫兹（Herz）公司无法对这一战略作出反击，作为最大的租车公司，这是赫兹公司的固有缺点，也是多数领导者无法回避的缺点。

类似的思想，可以用来对付无处不在的强大对手。你该怎样对付金宝汤公司的汤食呢？不要打味道和价格的主意。实际上，你应该忘了罐头盒里的所有东西，而把注意力集中在罐头盒本身上，这才是金宝汤公司的薄弱之处。

铁质的罐头盒容易生锈，然而金宝汤公司生产铁质罐头盒的设备价值上亿美元，它绝不会轻易地放弃这些设备。可竞争者不会受到这种限制，他们可以尝试塑料、玻璃或防腐包装，然后就可以和金宝汤公司玩儿"踢罐头"了。

别指望任何企业很快地接受这些战略思想。出色的竞争性重新定位概念很难推销出去，因为这些概念本质上带有负面因素，有悖于多数管理者的"正面思维"。

寻找薄弱环节

有时，一家公司的营销是其薄弱之处。俄罗斯排名第一的矿泉水品牌是 Aqua Minerale。实际上，该品牌为百事可乐所有，因此它的营销无懈可击，也就不足为奇了。百事可乐实现了对该品牌的有效定位。他们在名字中加入了"矿物质"一词，在商标上印上了山脉图案，借此让消费者相信水是来自山区，非常明智。

俄罗斯市场上最初的矿泉水品牌是 Borjomi。由于它是老品牌，很多老顾客把它当作矿泉水的领导者。但是，该品牌并没有好好地利用这一点，而是进行了品牌延伸，推出了"清爽 Borjomi"和"Borjomi 泉水"，削弱了品牌。

显而易见的战略是，对 Aqua Minerale 进行重新定位，在广告中指出它不是真正的山泉水，只是伪装的山泉水，而真正的山泉水才是最好的。概念很简单，把两种水的商标并排摆在一起，配上大标题："你无法通过商标辨识真正的山泉水"。

在 Aqua Minerale 商标的下面，你可以说："这种水并非产自山区。"在 Borjomi 的商标下面，你可以说："这种水源自于深山，天然的水才是最好的。"正如在柔道中，你应该利用对手的力量来反击一样，这是运用对手的强势营销进行反击的经典案例。

每一次你为竞争对手贴上负面标签时，这种负面标签必须很快地得到消费者的认同。人人都知道李施德林口味不好，但并不是人人都知道星巴克"自负"，这个概念不能引起共鸣。

当"公猪王"熟食宣称它们的肉和芝士不含人造色素的时候，它是在对竞争对手进行重新定位，让人们觉得竞争对手的产品不好。这种做法可以引起人们的共鸣。

当你陈述自己的概念时，顾客应该很快地赞同，不需要作进一步的解释或论证。如果一个概念没有"爆炸效应"或是需要更多的解释，那就不是一个很好的定位。

与价格无关

价格通常是差异化的敌人。然而，当价格成为传播信息的焦点，或者成为企业营销活动的焦点时，你就是在破坏游戏规则。你所做的，会让价格成为顾客选择你，而不是你的竞争对手的主要考虑因素，这不是条健康的道路。

很少有公司对低价方法感到满意，理由很简单，每个竞争对手都可以随时调整价格。正如迈克尔·波特所说：如果竞争对手能把价格降得和你一样低，那么降价通常是愚蠢的行为。

为了支持波特的观点，我们来举一个例子。一家新公司开发了一个专为小胡萝卜设计的独特包装系统。这个包装系统，使得这家公司相比同行中现有的两家大供应商有绝对价格优势。为了摆上超市的货架，这家公司以更低的价格而不是更好的胡萝卜进入市场。两家大供应商立即降价，与新公司持平，迫使新公司把价格降得更低，但对手紧跟其后降价。

新公司管理层认为竞争对手不会继续降价，因为那是"不理智"的行为——两家大公司的包装技术陈旧，它们正在亏钱。那位董事问,对手下一步会采取什么行动。专家告诉他,对方将继续降价——它们怎么会让一家拥有价格优势的新公司轻易进入市场呢?

在接下来的董事会上,专家们鼓励新公司的管理层,把新的生产系统卖给其中一个老品牌。他们从中获利丰厚。皆大欢喜,但又一个低价战略倒台了。

被遗弃的正面定位

多年前,委内瑞拉一个番茄酱品牌 Pampero 寻求定位服务。那时,德尔蒙特和亨氏已经把它挤下了第一的位置,它正在走下坡路。

在做了一番调查后,专家们发现 Pampero 去除了番茄的皮,从而使口味和颜色变得更好。而竞争对手们在生产过程中,都没去皮。这是个有趣的概念,因为许多人都知道,若以整个番茄为原料,大部分的菜谱都要求去皮。它完全可以利用"去皮",与其他厂商区别看来。

当专家把想法告诉公司管理层,这是重建他们的品牌认知的唯一方法时,他们变得非常不安,因为公司为了降低成本,正准备转向不去皮的自动生产流程(德尔蒙特和亨氏的方式),他们不想听到维持传统方法的建议。

专家的建议是,停止工厂现代化计划,因为"去皮"才是差异化概念。与强大竞争对手采取同样的做法,无异于自取灭亡。正确的做法是,为你的竞争对手贴上"不去皮"的负面标签,建立自己"去皮"的正面定位。遗憾的是,这个重新定位概念并没有付诸实施。

重新定位战略,不仅仅是为竞争对手贴上负面标签那么简单,还要将处于领导地位的竞争者归位,或者应该说,归为第二位。我们曾为西班牙橄榄油制造商提供了这样的建议。

极少人知道西班牙是真正的橄榄油最大生产国，占世界总产量的1/2以上。作为第二大生产国，意大利的产量，只有西班牙的一半。

但这里有个大问题，虽然西班牙的橄榄油产量处于明显的领先地位，但很多人视意大利为橄榄油之王。因此，西班牙生产大部分的橄榄油，但意大利却靠他们的橄榄油品牌赚走了大部分的钱。他们从西班牙购进橄榄油，包装后当作意大利橄榄油运出。

为西班牙生产商提供的如下解决方案：

第一步是明确"定位"西班牙为"世界第一橄榄油生产国"，这个鲜为人知的事实，必须要进入橄榄油顾客和潜在顾客的心智中。同时，把意大利重新定位为使用西班牙橄榄油的生产国。

第二步是通过借用历史事实，将这一信息戏剧化，我们建议西班牙通过广告表述如下信息：2000年前，罗马人就是他们最好的顾客，现在还是。这个方案表述的要点是，意大利人在品尝橄榄油时，总能辨认出高质量的橄榄油。

第三步是关于身份识别。我们设计出一个标签，使顾客能很容易地识别出西班牙橄榄油——使用标有"100％西班牙橄榄油"的简单标志，每个包装上都印上这一标志。

经过重新定位，西班牙橄榄油重回老大的位置。

【成功赚钱小贴士】

几乎每一个公司都会有一个或者多个竞争对手，成功的领导能够应对困难，他们知道如何去打败对手，所谓"知己知彼百战百胜"，对于自己的对手如果能够了解透彻，那么再大的困难也都会有解决的办法。

而对手如果很多，那么，我们就必须去将对手分类定位，只有对手在自己掌控之中，自己才能够成功。所以，想要对战，就先定位对手的位置吧！

第四章 那些成功的例子是对自己最好的激励

李嘉诚为什么有钱

时至今日,李嘉诚对外界仍是一个谜。围绕着他的名字,各种传记重复杜撰了无数传说。对于他个人身价的猜测,则像一种无穷尽的动力,驱动整个世界密切关注他的生意、健康及家庭。他通常被描绘为一个天才,依靠对交易天生的敏锐,不停扩大自己的财富。与其说人们因此熟悉了李嘉诚,不如说,李嘉诚被神秘化了。

事实上,李嘉诚有着一对大大的瞳孔,但眼神不是格外犀利,而是柔和的、探寻的,像儿童一样闪现着好奇心。说普通话和英语时,他语速不快,但铿锵顿挫。每讲几句,他都会下意识地笑笑,给人以毫无世故之感。

为何在太多企业家轻易断送一家企业的同时,李嘉诚几乎碰不到"天花板"?

他轻描淡写地回答:"其实是很简单的,我每天90%以上的时间不是用来想今天的事情，而是想明年、5年、10年后的事情。"

李嘉诚说："我内心已有非常好的保障，若一个人不知足，即使拥有很多财产也不会感到安心。举例来讲，如果看着比尔·盖茨的财富和你自己的距离那么大，那么你永远不会快乐。"他还说："重要的是内心的安静，表面看来很忙，但内心其实没有波动，因为自知做着什么工作。我知足，但不表示没有上进心。"

李嘉诚用一个手势说明这一点，右手掌先呈15度角平缓地滑过，到一个点上，则一下变成50度，做攀升状。其涵义为：28岁的时候，他已经知道自己此生可以跟贫穷说再见，接下来只是乐于工作而工作，这一做就是50年。

他经常说的一句话是："一家公司即使有赢利，也可以破产，一家公司的现金流是正数的话，便不容易倒闭。"而在确保现金流的同时，他还努力将负债率控制到一个低位："自1956年开始，我自己及私人公司从没有负债，就算有都是'假贷'的，例如因税务关系安排借贷，但我们有一笔可以立即变为现金的相约资产存放在银行里，所以遇到任何风波也不怕。"此外，他永远采用极为保守的会计方式，如收购赫斯基能源公司之初，他便要求开采油井时，即使未动工，有开支便报销——这种会计观念虽然会在短期内让财务报表不太好看，但能够让管理者有更强烈的意识，关注公司的脆弱环节。

隐藏在数字背后的，是这样一个逻辑：没有现金流的威胁，负债与否取决于自己，就让多数问题不是被动决定，他便拥有了对生意尽可能大的自主权。在与李嘉诚合作极多的人士看来，"把握自主权"正是他的核心观念。

在骨子里，李嘉诚是个极度厌恶风险的人。一个细节是：在长江中心70层的会议室里，摆放着一尊别人赠予李嘉诚的木制人像。

这个中国旧时打扮的账房先生,手里本握有一杆玉制的秤,但因为担心被打碎,李嘉诚干脆将玉秤收起,只留下人像。

虽然李嘉诚并不吝惜对外重复阐释自己的方法论:"发展中不忘稳健,稳健中不忘发展",但因其听起来简单得近乎空洞,且太多人过于重视李嘉诚"发展"一面的经验,就忽视了两者之间的平衡——分析人士经常认为,多元化的业务组合和国际化的市场搭配让和黄富有抵抗风险能力,却少于追问:什么在支持李嘉诚无休止地展开扩张?为何多元化通常让其他公司现金流紧张,和黄却能进行一些规模极大的市场培养?和黄于2001年开始投资的3G业务(全球范围内,和黄的3G子公司名为"3")正是一个李嘉诚进军新业务的鲜活样本:虽然和黄从未对外宣布其投资总量,但市场估计为250亿美元。这很容易被视为一次豪赌,对于和黄而言,却堪称一次极富耐心、准备周详的行动。

李嘉诚所以卖掉其2G业务(欧洲的Orange和美国的Voicestream),而不是以其原有用户为基础实现换代,一个最主要的考虑是:既然这是一次技术变革带来的机会,而新技术具体什么时间崛起并不可知,如果保留原有业务,则可能出现对于新、老业务投资选择中游移不定的尴尬。在市场高位上出售2G业务,不仅获得了极充裕的现金,更是一种不留包袱的下定决心之举。

退出Orange两个月后,和黄就购得了在英国经营3G业务的执照。与开展3G业务同时进行的,是他在财务层面进行的准备。当他决心将公司的部分财力倾注于3G业务时,他已经有一个几年内可能亏损的数字预期,并依此要求地产、港口、基础设施建设、赫斯基能源等几块业务将利润率提高,将负债率降低到一个风险相对小的程度:2001年时,赫斯基能源为和黄贡献的利润不过9亿港元,到

2005 年已经升至 35 亿港元；同一时期，原本利润维持在一个稳定区间的港口业务和长江基建的利润分别从 27 亿港元变为 39 亿港元，及 22 亿港元变为 34 亿港元。即使 3G 投资巨大，但到 2006 年 6 月底时，和黄的现金与可变现投资仍有 1300 亿元。

【成功赚钱小贴士】

李嘉诚之所以有钱是因为他能找出一种需要，然后满足它。他有长远的投资眼光，也能将自己的控制力提高到最佳状态。

此外，李嘉诚还能将自己的生活放平稳，他不喜欢冒险，所以，在面对危险的时候他更加能够找到救援的方法，他坚持自己的自救方式，也在自己的生活中找到赚钱方式，他不会去比较谁赚的钱多，而谁赚的钱少，只和自己比较，做自己的老板。

创业者必须培养的品行

李嘉诚的言语、目光和笑容，都不免让人产生疑问：早年经受的战乱、苦难，以及随后 66 年的辛苦工作，这些负面影响究竟是被一种怎样的力量化解，而没有让他成为一个性格极端的人？

是命运？在很多场合，他都会提到自己的一生"蒙上天眷顾"。

但李嘉诚回答说："性格才是命运的决定因素。好像一条船，船身很重要，因为机器及其他设备都是依附在这条船里面。"

很长时间以来，因为他的被神化，他的性格都为外界所忽视：他是一个性情急躁还是温和的人？他可曾有脆弱或失去自控的时候？

如果过往的经历可以呈现出李嘉诚的部分性格，那至少可以说明两点：他随时准备自己应付挑战，同时，乐于在高度自控下获得内心自由。关于后者，一个最恰当的阐释是他自身的体验：在参与地皮招标时，他会不停地、很快地举手出价，但当价钱超过市场的规律，他左手想举起时，右手便立即"制止"左手。

很早年时，李嘉诚就证明了，他从来不惮于改变自己，并永远清楚什么时候该挑战下一级台阶。

在其记忆中，第一次强烈的自我改变发生在10岁时。那一年，李嘉诚升入初中，在没有任何人的提醒下，他突然意识到了自己对家庭的责任。这让他一改往日的贪玩，开始发奋，每晚主动背书、默写。这种一夜之间的改变甚至曾令其父不解。

12岁时，因为父亲患肺病，李嘉诚去阅读相关书籍，希望找到救治方法，反而发现自己有着得肺病的一切症状。当时，李嘉诚不仅需要负担起家族的经济，还需疗养肺病。但那时他已经深知个人角色管理的方法：没有太多选择，除了须将工作处理妥当，还攒钱买下旧书自修。今日回想起，他仍承认，这是他一生最困难的阶段。

早年的经历不仅将他塑造成一个勤奋的推销员，更养成其对于生活细节毫不讲究的习惯：多年之后，他有一晚下班较晚，到家后拿起桌子上的饭就吃，虽然感觉味道有些臭，却未做声张地吃下了两碗——饭后问明，原来这是两碗给狗准备的饭。

但到22岁创立公司时，李嘉诚很容易就完成了一次质变：他告诉自己，光凭能忍、任劳任怨的毅力已经不够。新的挑战是：在没有找到成功的方程式前，如何让一个组织减少犯错、失败的可能？

或许本质而言，李嘉诚的全部独特之处，正系于其永远懂得把握角色变更的时机和方法。在一次演讲中,他谈及个人管理的艺术,就是应在人生不同的阶段不停反思自问:"我有什么心愿?我有宏伟的梦想,我懂不懂得什么是节制的热情?我有拼战命运的决心,我有没有面对恐惧的勇气?我有信息、有机会,有没有使用智慧的心思?我自信能力天赋过人,有没有面对顺流逆流时懂得适如其分处理的心力?"

而其一生中最大的一个疑问是:富有后,感觉不到快乐又如何?

29岁的一个晚上,李嘉诚坐在露天的石头上回顾自己过去的7年:从22岁创业,到27、28岁"像火箭上升一样积攒财富",他在当时已经知道,自己将成为富有人士。但他并不知道,内心的富贵由何而来?

那几年间,他正开始在意自己的衣着、手表,研究玉器。但在那一晚,他意识到:更重要的是自己内心知足,有正确的人生观,而在工作上得到的金钱除了足够家人生活使用外,其他的钱有正确用途,能在教育、医疗方面帮助别人,生活虽然朴素,亦能令自己感到非常快乐。

1980年起,他决定设立个人基金会,其宗旨是"通过教育令能力增值以及通过医疗及相关项目建立一个关怀的社会",并希望"在我离开这个世界后做的事,一定要比我在世时做的只多不少"。到今天,他的基金会已在过去20多年捐赠近80亿港元,最近他再表示会将不少于1/3的个人资产放入基金之中。

而曾表示"从未考虑过要退休"的他,表露了一个新的计划:在2008年时减轻工作量,每个月抽出3天全天时间,每天花不少于8小时时间参与到李嘉诚基金会的公益工作中。

【成功赚钱小贴士】

创业不仅需求创业者的能力，同时，也对创业者的性格有一定的要求，并不是每一个人都能创业成功，但是，每个人都需要有个良好的心态。往往平静思考问题的人更有成功的希望。

保持核心竞争力，小成本塑辉煌

见到丛跃时，这个还在中国海洋大学管理学院工商管理专业读大四的学生老板，刚刚把他的公司搬离青岛大学科技园，在学校附近，租下了一套带阁楼的民居，带领着10多名员工正在以全新的面貌从平面媒体向网络媒体进军。从初进大学校园时3000元的小成本买卖开始，这个尚未毕业的大学生已拥有百万身家，这个信奉创业可以以小博大的年轻人，正在享受"四两拨千斤"的感觉。

面对"CEO"的称呼，丛跃抬起头，笑着说："那是我的理想！"

3000元掘出"第一桶金"

当上老板后，开阔了眼界，丛跃开始冒出新的想法——创办一份全新的校园杂志。丛跃说，之前，自己在学校里也经常投送一些DM单页，上面印上自己的数码产品介绍。后来考虑能不能将这些单页叠加起来，形成一个保存性、收藏性兼具的精美册子。一份覆盖青岛多所高校的《QD高校消费》杂志应运而生。2006年3月，第一期杂志被送到各个高校，受到了学生的欢迎，广告开始纷纷找上门来。

2008年2月，在整合收购了另外两家传媒公司后，丛跃现在的传媒公司成立了，注册资金提高到150万元。现在，除了继续做平面杂志、高校教学区的平面店以及高中档社区的平面广告，丛跃已经开始涉足网络，业务也开始从平面媒体向网络延伸，做培训、教育产品的网络平台。

诚信打"江山"有苦有甜

那还是刚刚当上老板，一次和客户合作，财权完全掌握在客户手中，丛跃和他的伙伴毫无防范，对客户很信任，谁知客户却不讲诚信，将款项席卷一空，使丛跃的公司损失了10多万元。当时，丛跃的事业正蒸蒸日上，与丛跃一起合作的几个伙伴也正意气风发，准备大展拳脚，突然遭遇这场打击，大家毫无思想准备，情绪非常低落，在计划下一步的工作时产生了严重的分歧，半数以上的人不准备再继续下去，一人甚至直接退出。丛跃的声音却是"坚持"，并且真的坚持了下来。这样的损失往往很难找回，但是通过法律手段，丛跃追回了1/3的损失。

"死亡都能度过去，还怕什么！"再次回首这次经历，丛跃的语气很淡然，他自信地说，这样的困难都挺过去了，以后也不会再受到冲击。

坚持下来的丛跃吸取教训，重新上路，生意中多了一些防范心理，对客户诚实守信的原则却始终没变。这种坚守也为企业收获了诸多商机。

一年初冬的一天，下着小雪，丛跃公司的业务人员与一个大型理容店的老板约好晚上8点见面。晚8点，业务员准时赶到，但是老板因为突然有事，没能及时赶回来，业务员一直等了一个多小时。一个多小时后，老板开着车回来，看到在风雪中，守候在门口的业务员已经被冻得蜷缩在地。这位老板被感动了，"从你们身上我看到了其他公司没有的东西!"老板立即投放了一份长期合作的广告,虽然只有两三万元,但此后,双方成了关系非常密切的合作伙伴。

小老板闯出多面人生

丛跃回忆说,他从小就是个很有主见的人。他的老板梦最早源于小学。那时,电视、报纸上一些成功企业家的故事常常让他非常着迷,也喜欢具体商业模式的分析,感觉有挑战性。李嘉诚、史玉柱是自己的偶像。"大起大落,一代枭雄!"他这样评价史玉柱,一个令他非常关注的人物。

上了中学,丛跃开始涉猎一些企业成功经营技巧的书籍。考大学时,他选择了工商管理专业,为的是为将来真正办企业打下理论基础。

进入大学后,为了证明自己在学习之外的能力,丛跃跃欲试,开始了自己的创业之路。远在菏泽的父母起初并不支持,这与他们最初为其设计的学习,然后出国留学的道路相去甚远,但丛跃认为自己很适合独立去拼,认为自己有能力实现愿望。丛跃说服了父母,按照个人的思路独立走了下来。

如今的大学生丛跃很忙碌。一方面,他要完成自己的学业,要做老板,打理自己的传媒公司,还当上了中国中小企业发展协会的理事。另一方面,作为青岛市大学生创业协会的执行会长,丛跃还要奔走在各个高校,传播自己积累了3年多的创业经验和理念。前几天,丛跃的故事还登上了CCTV的全球资讯榜,父母为此很骄傲,不断打来电话,嘱咐儿子要注意身体。丛跃则给自己定下了更大的发展目标,5年以内,做成北方地区最大的培训教育网络平台。

"大学生没有模式可以依循，要一步一步走，不要着急。不要太过浮躁，要有聚焦的概念，认定一个项目，钻研下去，吃透。深挖一口井，挖出来的水才多、才甜。"——丛跃很有老板的派头。

【成功赚钱小贴士】

以小博大，投入不见得多，随着运作思路成熟、团队成熟，会起到"四两拨千斤"的效应。大学生初创业，可以选择从小成本的第三产业入手。

精明的商人是磨炼出来的

赵松青：5000元创造奇迹

赵松青 29 岁

拥有公司 2 家

主要从事领域：环保产品

师范大学毕业后，我被分配到北京的一所中学教物理。当了两年的教师，我只存下来了5000元钱。1997年的暑假过后，尽管家里人和朋友没有一个人赞同，我还是辞职了。

5000元钱究竟可以做什么？我把自己关在屋子里整整一个星期，翻遍我看过的所有书，我以为或许可以找到好的项目，也的确从信息中找到了几个项目，可是到了第6天时还是一无所获。第6天夜里，我颓废极了，觉得自己实在是太傻了，可能所有人都说对了，我真不是这块料。一个人越想越气，可能那时候有些疯狂了吧？

也不知哪里来的邪火，我一把将身边写字台的抽屉拽了出来，并且狠狠摔在地上，我一屁股坐在地上，这时屁股底下发出了一种怪声音：类似于抽水马桶一样的声音。吓得我一下子又跳了起来。再一看，原来是父亲去美国时带回来的一种小玩意儿，是美国的冰箱贴，制造成了马桶的样子，拿手一摁，就会发出抽水时的声音。我捡起这个小玩意儿，左右看了半天，又将它拆开了琢磨。突然我知道该做什么了。

第二天，我与门头沟一个小工厂联系后，马上乘车去了那个工厂。厂长一看我当天就去了，特别热情，并且说只要能够将生意给他们，不但保证质量和工期，而且价格好商量。我说，行，我去将制作工艺图拿出来。当天晚上，一宿没睡，凭着学物理的这点功底，制作出了工艺图。但是有一个问题比较难解决，就是如何让它发出抽水的声音。

天刚刚亮，我就照着一个从报纸上抄来的玩具厂的地址跑到了大兴。到了工厂，厂办的人给我叫来了一个老技师，老师傅一解释我才知道，原来特简单，将声音模拟到一个小模块上就解决了。随后，老师傅还给我介绍了一个生产这种模块的工厂，人家报价一个0.32元，生产3000个3天就可以提货。模块解决后，我就又坐上了公交车去门头沟。厂长告诉工人给我制造3000个。给了工厂1000元钱的定金后，我又马上返回北京。这等于说是将自己的5000元钱全部投了进去。万一卖不出去，或者工厂制作的工艺太差，我就真的一点点退路都没有了。

回到北京城第二天，我马上到北京的所有小商品批发市场，与摊主们联系。刚刚将产品拿出来，这些小老板就特别感兴趣。我定价6块钱一个，一般情况下5.5元就能够成交，3天的时间里，我就订出去了 1000 个。5 天期满时，我又去了门头沟，这个小工厂的效率也挺高，5 天的时间就制作出了 1500 多个，做工也还算精细。

我也干脆，将所有的余款都给了厂长，并且告诉他马上还会再制作一万个。厂长一听，特别高兴，又给我让出了 2 毛钱的利。就这样，不到两个月的时间，我订做的 1.3 万个"抽水马桶"冰箱贴全部卖了出去。刨除所有的开支和制作费用，我一共赚了 5 万元。

拿着这 5 万元钱，我开始琢磨新的产品。可能是因为从来没有将自己放在那么大的压力下生活过，赚到 5 万元钱后，我马上就发了高烧。高烧持续不退，每天只好用冰块降温。有一天吃过药后，浑身发热，昏昏沉沉地睡着了，后来感觉到脖子凉凉地特别舒服，才发现是冰块滑落到了枕头上。

高烧一退，我就开始搜寻天气方面的资料，我估计 1998 年的夏天应该是酷暑，而前两年有一种"凉爽坐垫"曾经相当畅销，如果将它制作成"冰枕"，销路也应该不错。这一次还是将 5 万元一分不剩地全部投入了进去。当年夏天果然酷热，尽管多个厂家同时推出了"冰枕"，而且，互相压价，但是因为我的成本比较低，利润也还算得上可观，我的 5 万元在这个夏天最热的 8 月变成了 70 万元。

赚到 70 万元后，我就成立了自己的商贸公司，不过后来很少有全部投入资金的情况，大多数的项目也的确用不着全部的投入。之后我又开发了 5 个项目，到 2000 年年底时，共赚到了 600 多万元。

【成功赚钱小贴士】

很多的商人成为了商人可是却不是商人,他们不懂得做生意的道理,所以对于生意经都是不懂的。可是,这些人是可以在生活中磨炼改变的,当一个人成为了精明的商人,那么,日后的成功还会远吗?

俏江南——经济条件不重要,重要的是经商条件

张兰,这位中国餐饮界"天后",可不是一号简单的人物。白手起家的她,拥有中国 52 家时尚川菜餐厅"俏江南"、"蒸 STEAM"和高档俱乐部"兰 Club",以估计人民币 25 亿元的身价,在《二〇〇九大陆餐饮富豪榜》中位居第二,仅次于味千拉面董事长潘慰。《华尔街日报》还曾将她列为亚洲十大最具影响力的女企业家之一。

"在我的事业中,任何事情都百分之百由我决定!"只手创造一个餐饮王国的张兰自认"武断",向来一切都是她说了算,自称是慈禧后人的张兰,敢说、敢做、敢赌的"悍、狠、绝"性格,是与她交手过的人,脑海中印象最鲜明的标记。

够悍更霸气

有得也有失　却从来不后悔

"我要在台湾开 10 家店,伦敦最高楼(Canary Wharf)的餐厅明年也即将开幕,接着还要在美国纽约、法国香榭丽舍大道开店……我要打造一个世界第一的中国餐饮集团!"张兰接受媒体采访时,毫不掩饰一出手就要插旗世界大城市地标的野心,并透露明年

俏江南即将在上海 A 股上市。

她的悍，透过媒体可以感受得到几分；但是台湾业界早在一年前，就已领教了这位餐饮天后的悍劲！

事事追求第一的张兰，其实早就想在台湾最高楼台北 101 开店。张兰去年底曾来台考察 101 场地，并拜会董事长林鸿明，原本看中挑高二层楼的 86 楼 800 多平米空间，也是 101 最气派、景观最佳的楼层。但是据了解，当时张兰态度相当强悍，甫见面就大砍租金毫不手软，让 101 商务部门颇感吃惊，在彼此都坚持不肯让步下，谈判终至破局。

洽谈过程中，张兰一边接受台湾媒体专访，对 101 招租团队喊话，希望给予租金优惠；一边又嫌弃 101 观光客多，人潮杂乱、租金太贵，不断释出讯息。"别人都是开幕前保持低调，她却高调宣传，行销手法实在很厉害。"一位地产商指出。

虽然砍价不成，让张兰错失在台湾地标开店的机会，目前 101 该楼层已确定由台南担仔面承租；但是张兰的高调宣传，让俏江南未开幕就已在台打开知名度。

张兰算盘打得精，11 月 10 日带着两位大陆设计师再度赴台，和 ATT 董事长戴春发敲定双方合资新台币 5000 万元，让俏江南台湾第一家餐厅落脚 ATT Square（原纽约纽约购物中心）6 楼、约 900 平米场地的开店事宜。张兰挥军台湾餐饮市场的第一家店，最快在第二年 5 月开幕。

谈到与 101 失之交臂，张兰却丝毫不见后悔，语气坚定地表示："台湾以后肯定会有超越 101 的地方，俏江南锁定的不是观光客，而是台湾在地客，所以没有必要靠 101，自己的品牌知名度才是最重要的！"语气中听得出她一点儿都不愿意认输。

够拼无所惧

打工、创业走上餐饮品牌之路

一位弱女子，20年间能白手起家创造一个餐饮帝国，靠的就是过人的拼劲！"女性要想在餐饮业生存，需要具备坚强的意志。我能坚持到现在，得益于过去生活的历练。"她坚定地说。

从一个下放湖北和四川边界山区劳改的孩子历练到今天，张兰正是从一次次大胆放手一搏的成果，累积出自信与霸气，也赌出不一样的人生。

毕业于北京工商大学企管系的张兰，1989年将6岁的独子汪小菲留在中国，随舅舅偷渡加拿大当黑工，领着一小时2.5美元的低薪，任老板剥削，在餐厅洗碗、扛猪肉、当洗头妹，最高纪录一天曾兼6份差。

"冬天每天早晨都要搬猪肉，一片就十几公斤，人家一片都没让你少搬！"一位娇弱的女孩与其他男性工人一起搬猪肉，就为了存够两万美元回中国创业。赴加3年期间，她随身带着独子汪小菲的照片，但却是压在床头柜上，思念时才翻过来看一眼，随即立刻扣上，"我怕啊！怕看到儿子呼唤妈妈的眼睛，会动摇我对梦想的追求！"她对媒体感性地回忆指出。

人生的第一把赌注，让她赚到两万美元的第一桶金。1991年她返回北京，陆续开设阿兰酒家、百鸟园海鲜酒楼等，因为重视用餐环境和装潢，吸引许多商务人士上门消费。

10年后，餐厅生意正好时，据说每日可进账人民币50万元，张兰却再次豪赌，冒险卖掉手边三家"金鸡母"餐厅，换得人民币6000万元。看准中国经济改革，都会白领崛起，她将这前半生的所有积蓄，全数压宝在北京当时最高档的写字楼：国贸大厦，开设了第一家平价中带奢华的"俏江南",走上自创餐饮品牌之路。

独子汪小菲后来出国也体验到母亲在异乡时的辛苦,在法国念书时,张兰经济状况已经比较好,但是汪小菲还是自己打工,不向家里要钱。"这些都是母亲从小的严格教育,还有爷爷的影响。"他对媒体指出,其实爷爷是满族正黃旗人,外公据说是清华大学教授,中国传统教育的影响比其他人都来得多,"有人说我们是没落的贵族,可是我宁愿做一个没落的贵族,也不愿做一个自大的暴发户!"

够狠展实力

让对手敬畏　管理与制作尊重专业

来势汹汹登台的俏江南,正是台湾南侨集团董事长陈飞龙最担心的潜在对手。他曾对媒体透露,大陆的包子、烤鸭还不可怕,最可怕的就是被形容为"中国的LV顶级餐厅"的俏江南集团。光是北京第一家兰Club,当年张兰就狠砸3亿元,大手笔找来法国设计鬼才菲利浦·史塔克(Philippe Starck),动辄一张18万人民币的椅子、一盏40万人民币的水晶灯,奢华之极,挑战中国市场对顶级餐厅的想象。

之后,她不断以艺术品加持,营造顶级餐饮形象,2006年更在北京保利秋拍会上,以人民币2200万元,标下艺术家友人刘小东的画作《三峡新移民》,创下中国当代艺术品的拍卖新纪录,可说是精于创造话题的行销女王。

论实力,"大型中餐连锁,张兰是中国第一人!"中华两岸连锁加盟协会理事长王国安指出,味千拉面还可以靠中央工厂协助,但是俏江南却每家店都得有厨房、厨师,现点现做,能做到标准化,甚至国际化，真是不简单。

几年前，张兰就从麦当劳、可口可乐引进了专业经理人，现任俏江南集团总裁的魏蔚，更曾是麦肯锡公司全球的董事合伙人，协助俏江南推行中餐管理与制作上的复制与标准化。光是鱼香肉丝这道菜，精确到主、辅料各有几两，用多少克盐，多少毫升的酱油，几撮葱花，就连用多大的火候，都有科学计量和规定，减少人为操作的差异。

够绝却有情

刚中带柔　逼到绝境方能迸发力量

张兰虽然在商场上与男人拼霸气、斗狠劲，但是内心仍是充满感性的女强人。"我一年只给自己一次哭的机会，有压力也不需要别人分担！"她有一次对媒体透露。

在外是四处征战的"东北虎"，回到家张兰却能变成温柔的小女人，现任老公田益宾是自由摄影师，平常忘情于创作，不插手俏江南任何事务，也不挂头衔，"我、老六（田益宾昵称）、小菲，我们3个人在一起时，是我内心最充实的时候，老六就是有把人心底最深的快乐和感动，全都勾出来的本事！"她充满柔情地说。

出生东北大庆的"老六"，有着北方男人的大气，并不在乎光芒被张兰掩盖："我对成功者向来是钦佩的，我自己不求功名，我们一起生活了这么多年，我们现在的感情，像亲情，带着暧昧儿，互相包容。"

52岁的张兰可刚可柔、霸气中又带着尊贵气质，她成功的秘诀就是不断鞭策自己："我是挺绝的人，做事情不给自己留半点退路！"张兰透露，她与老公、儿子都不保险，口袋里钱不超过200元，她认为把自己逼到绝境,才能创造人生及事业巅峰。

【成功赚钱小贴士】

见过许多因为没有经济条件而选择放弃的朋友,又有许多人选择平稳薪水的工作,创业也只停留在了想法。白手起家的创业者变得少之又少,这无非是因为对自己能力的不肯定,创业不成功多半原因也来源于此。如果加上那开公司当老板的胆识,也就有了成功的动力。

现在的人们都少了一份勇敢,其实经济条件就是浮云,真正重要的还是经商的能力。

你够"励志"吗

公司是指一般以营利为目的,从事商业经营活动或某些目的而成立的组织。公司是有社会和法律约束的一个营利性企业。

公司的建立并不难,可是中途周转却是个很难的问题,我们都知道,许多的公司会倒闭,会运营不善,当然也有些人的公司能持久稳定。

初见栾洋,着实眼前一亮:装修时尚的店铺里,一位高高瘦瘦的小伙子,正在专心致志地组装厨柜,打孔、立框架、拧镙丝、装隔板……不仅一丝不苟,而且精益求精。在栾洋身上,看到的是创业者的坚持与执著,感受到的是80后的激情与梦想。

"在外打工,发展空间始终有限。不如趁着年轻,开创一份属于自己的事业!"2007年,刚刚大学毕业的栾洋,和同学一样向往着大都市时尚多彩的生活，怀揣着梦想来到广州吉华集团工作。2008年上半年，渴望创业、追求成功的小栾放弃了优厚的工作待遇，到赣州开办过滤机专营店，迈开了自主创业的步伐，踏上了艰辛创业的征程。

赣州有色金属资源丰富，有色金属企业发展迅速，由于过滤机是有色金属矿石的粉碎分离的必要设备，所以市场潜力巨大。在经营中，栾洋坚持理性的市场分析，一边拓宽客户源、扩张销售市场，一边竭尽全力做好售后服务，在他的努力下，销售业绩月月攀升。经过半年多的拼搏，小栾收获了创业路上的第一桶金。然而，好事多磨，2008年底，一场源自华尔街的金融风暴汹涌袭来，致使有色金属的价格行情一泻千里。当地许多有色金属企业为此裁员减产，甚至被迫停产。而小栾的过滤机专营店也因此受了很大的冲击，不得不关闭了专营店，返乡再谋出路。

回到家乡后，暂时没有找到合适创业项目的栾洋进入家乡的一家橱柜有限公司，当了一名业务员。从打工仔到小老板，再沦为打工仔，经历了大悲大喜的沉浮，他虽曾失败，但不气馁。他一直在坚持着，也一直在寻找着机会。天南地北跑业务，吃苦耐劳干销售，日渐熟悉的业务和领域、日久积累的资历和人脉，让栾洋对橱柜产生了浓厚的兴趣，心中那颗创业的种子再次萌芽："如今，房地产业带来了广阔的建材、家装市场。我要开一家集厨房电器、整体厨房与个性化家居定制为一体的专卖店，为顾客提供一站式购物、终身保修服务。"

年轻是创业的最大资本，即使摔倒，也可以勇敢地再站起来！栾洋再次踏上创业之路，在橱柜领域重新出发。经过近两个月的筹划、运作，栾洋的"古北电器"开始营业了。高性价比的厨房

第四章 那些成功的例子是对自己最好的激励

家具、电器，个性时尚的衣柜、书架，吸引了顾客的眼球，特别深受青年消费者的青睐。小栾自豪地介绍，店还没开张，就已经有一些家装公司向他预购厨房电器了，然后，小栾的店逐渐扩大为古北公司。

"创业刚起步，事无巨细都需要亲自打理。我一人身兼设计、销售、安装、售后等所有工作。"谈起新生活，栾洋感慨万千。然而，面对创业前景，他却信心满怀。因为，他要做的不是传统意义上的整体厨房，而是根据顾客的要求，通过科学合理的设计，在强调实用性、集成性的前提下，将厨房家具与厨房电器、厨房用品完美组合，为顾客提供橱柜、电器、五金"一站式"配齐的整体厨房解决方案，让顾客的每一分钱都花得物有所值。厨房家具所采用的材料，也不是行业内普遍使用的刨花板、密度板，而是新型实木多层板，虽然价格比普通板材贵很多，但防水性能极为出色，解决了因为厨房多水而影响橱柜使用寿命的问题。厨房电器则是使用中国名牌、中国驰名商标、国家免检产品，拥有吸油烟机、家用燃气灶具、热水器、消毒柜等厨卫系列产品。

为了尽可能地让顾客满意，栾洋创新服务理念，对所销售的厨房电器，终身整机全免费保修，打破了行业内厨房电器只保电机且最长保修5年的服务标准。而这一项终身免费保修，也是小栾与供货商经过近一个月的谈判协商，想方设法争取来的升级服务。目前，在国内绝无仅有。

扬帆起航为梦想，青春创业正当时。栾洋的近期愿景，就是要在一两年内，将"古北厨具有限公司"建成广丰最全面、最专业的一站式厨房天地。

创业也许源于追逐梦想，也许源于渴望成功。但不管源于何种动因，只要你能不畏失败、直面困难、勇于挑战，小作坊也能干出大事业。

【成功赚钱小贴士】

公司的前景可以通过许多问题体现出来。当人们开始希望公司变为企业群中强者的时候，要先看看自己的公司是否有在行业中站稳脚跟的能力。创业者要明白，受客户支持的公司永远都是最成功的，一个公司能不能得到客户的支持，就要看领导者够不够"励志"。

创业要学会放弃与选择

你愿意放弃现在的生活过没底的生活吗？这样的生活指的是放弃你现在的生活状况，而去接受不知道未来的生活。

我相信，绝大部分人会觉得现在生活的状况很好，而不愿意去改变。

放着36万元的年薪不挣，27岁的湖北小伙乔山，愣是辞职回家要实现"创业梦"。和他一起大胆地辞去12万元年薪工作的，还有合伙同学张子涵。

经过深思熟虑，两名没有任何创业经验的小伙，将第一个创业项目，选择为加盟面馆。他们看似疯狂的决定，让获知这个消息的朋友、同事都大吃一惊。

虽然创业首月他们的日营业额还不到预期的一半，但两名小伙坚信，他们舍掉48万元的年薪，不是在赌博。

两个"白骨精"下海"开面馆"

27岁的乔山是湖北石首人,毕业于武汉大学电子信息工程专业。2006年获得硕士研究生学位后,乔山进入华为技术有限公司,被派到哈萨克斯坦,作为一名技术型销售员,参与项目前期策划、谈判、广告宣传和市场的开拓等业务。短短两年的时间,他便获得了36万元的年薪(其中一部分是在国外工作的补贴),这在他周围同学之中几乎绝无仅有。

按说捧着"金饭碗",很多人都会考虑成家了,可他的心里,却在想着另外的事。但是,乔山上学的时候,就给自己的未来进行了"三、五、十年"的规划。"3年之内,我要积累一定创业资金,5年之内找到项目并着手创业,10年之内要扩大经营项目。下海。"按照规划,今年春节前夕,他便开始创业的准备,并寻找合伙人。

"当时我还在国外上班,在网上碰到了同学张子涵,俩人说起创业的目标时几乎是一拍即合。他对自己的规划和我相似,于是我们就开始上网沟通创业方式,商量初期创业的项目。网上零售。"乔山说,俩人决定从最容易的加盟店干起,然后再考虑下一步。

今年年初,乔山完成了一单价值6000万美元的生意之后,毅然递交了辞职申请,而张子涵也放弃了湖北最好的一家装饰公司12万元的年薪。

"在创业这方面,我们没有足够的人际关系,手头的资金也不算多,所以打算选择风险最低、最容易入手的行业。"起初他们将目标锁定在建材、IT、通讯等行业,尤其是建材行业,这可是张子涵的强项,但是,意识到经营建材前期投入资金较多,经营数码产品投资高、技术依赖性强，通讯行业压货多等不适合自身发展的因素后，他们发现，加盟餐饮业小店的风险较小，利润空间却相对较大。于是，经过了一个月的市场考察，他们决定加盟一家牛肉面连锁店，又花了足足一个月租门面。

开张"流眼泪"不赚"倒赔钱"

乔山和张子涵经营的面馆，位于武汉市户部巷内，是一处七八十平方米的门脸。从11：00左右开始，面馆陆续有顾客进出，送外卖的服务员也开始拿着餐盒奔波，然而，里面的10多个椅子，却总是坐不满。

望着空桌椅，留守看店的张子涵却依然乐观："不瞒你说，这可比刚开业那几天好多了。现在我们有了部分固定客源，也明确了未来的目标客源，相信客流量很快就能上来。"张子涵的乐观不无道理，因为户部巷是当地著名的商业街之一，游客人数较多，且周边有几所学校。加之当前户部巷正处于整体装修改造阶段，施工也在一定程度上影响了客流。"我俩合计了一下，差不多国庆节前后，施工完工之时，我们的生意就能明显好转。"

按照开业前的预测，他们认为每天的营业额应该能够达到2000元，但是开业初期，他们每天的营业额只有五六百元。

乔山开始动脑子了：户部巷是武汉著名的百年老街之一，近期政府正在对其统一规划，未来能够有更大的发展空间。而周围的商户较多，流动的顾客、旅游观光者也很多，当前重要的客源，就要从这里解决。经过一番研究，乔山决定向周边高校的大学生、旅行团游客等流动人群，发放宣传单和优惠券，吸引他们经过这里时，进店就餐；同时，他每天找附近的商铺经营者，谈午餐、晚餐的供应合作生意。这时，牛肉面制作快、食用快、运送方便、价格低廉的优势就显示了出来。

调整战略后,他们的日营业额已经逼近1000元大关。"我算了一下,6名员工每天工作8小时,每小时4元,再加上水电费、员工吃住费用,每天开销不过200多元,除去原料费、均摊的加盟费、房租水电之外,我们需要'倒贴'的钱已经很少。预计的营业额是2000元上下,如果可以达到这个程度,我们每个月到手的收入,就能达到2万元。"

"现在不仅是营业额上去了,店铺的运营结构也更合理了。"乔山和张子涵虽然开了面馆,却不亲手煮面招待客人,只是负责协调和后勤。乔山还记得开业第一天,好不容易拉来几个客人,可店铺里煮面的汤却还没烧开时的尴尬:"当时炉火不旺是主要原因,但更重要的是我们协调不够,员工协作也出了问题。通过这次实际经营我们才意识到,加盟店也并非那么容易经营,这里同样离不开我们原先在企业时学习过的团队合作等理念。"

经过一番调整,他们安排6名员工分两个时间段上班,8小时之后轮班,他们两人则在生意最忙的时候"打下手",其他的时间则用于拉客户、跑店铺门面统一装修,以及科学调整运营手段等。

面馆"硕士哥"不少"粉丝团"

"硕士生辞职开面馆"这个消息传遍了户部巷周围的大学校园。不少暑期留守校园的学生,纷纷来到乔山的面馆"捧场",其中还有不少有创业打算的同学"慕名而来"。

乔山回忆说,前几天晚上华中农业大学3名读大二的男生找到他们,希望他们指点创业经验。"他们3人打算辍学,在学校周边合伙开一个服装店,销售时尚类服装。听他们叙述了一下,我发现他们几乎就是头脑一热就要动手。3个人中没有一个家庭是做生意的,也都不懂经营策略,他们以为开店卖衣服,只需要和原来的同学打个招呼,等着大家来逛逛就能做好生意。"乔山和张子涵赶紧给他们"泼了几盆冷水",列举很多自己创业遇到的艰难经历,3名大学生意识到自己无力解决这些无法逃避的难题,才暂时放弃了创业的念头。

除了"取经者"之外,也有几名大学生来"应聘"小时工,他们打算在这里打工积累餐馆运营经验,以便将来自己创业;还有几名同学决定找家长"拉赞助",然后和乔山二人合伙经营。但经过一番劝说,他们终于冷静下来,决定先完成学业。

创业"须谨慎"下海"当小心"

乔山和张子涵对于创业的理解完全不同。他们认为,学生时代创业风险极大,因为学生往往缺乏社会经验,因此成功率很低,相比之下,"曲线创业"的方式虽然时间成本较大,可这样更为稳妥。

"我们觉得,毕业后如果一时没有好的创业项目,不妨先进入一家优秀企业上班,工作中除了完成手里的任务,还要学习一定的企业管理知识、开拓市场的本领,摸索一些为人处世方法,从而开扩眼界,积累一定社会经验,更重要的是,能够积累一些原始创业资金。哪怕只是几万元十几万元,也是学生时代无法想象的。"

张子涵觉得,"曲线创业"的优势是,工作中时刻都可以考虑创业的项目,如果有机会选择一个和自己工作领域相关而又熟悉的创业项目,可以少走不少弯路,节省好多"投石问路"的成本。

【成功赚钱小贴士】

　　相比之下，创业时期，更要学会"选择"、"放弃"与"投资"，选择好的创业项目，放弃必要的金钱，投资有利的公司，这样才可以取得成功。"有舍就有得"，这是一个创业人必须学会的理念。